昇任試験

採点者はココを見る！

合格論文の鉄則

第1次改訂版

地方公務員昇任試験問題研究会［著］

学陽書房

第1次改訂版刊行にあたって

　昇任試験の合格論文を書き上げるために、どのように説明すれば最もわかりやすいだろうか――。このような思いから本書の初版を刊行したのは、2013年のことです。

　主任・係長・管理職と3回の昇任試験を受験し、その後、論文の採点や添削を行ってきた経験をふまえて整理・体系化した「合格論文の書き方」をまとめた本書は、おかげさまで、多くの受験者に活用していただきました。「合格論文の書き方がよくわかった」「説明がわかりやすい」などの声も頂戴し、ありがたいことに以来8年にわたり増刷を重ねてきました。

　しかし、初版発行時から自治体をめぐる環境は大きく変わり、昇任論文のテーマも変化してきました。例えば、**残業時間の上限規制が設けられるなどの働き方改革、AIなどのICT推進、ハラスメント対策**などです。

　また、新型コロナウイルス感染症により、**感染症対策、危機管理、非常事態への対応、在宅勤務**なども、出題されるテーマに大きな影響を与えています。受験者には、こうした時代の変化に的確に対応することが求められていますが、それは同時に昇任論文のテーマとして期待される可能性が高いことを示しています。

　そこで、**内容を大幅に見直し、第1次改訂版として発刊することとしました**。先に挙げた環境の変化を受け、掲載する合格論文を見直し、「SNSの活用」「働き方改革と組織運営」「非常事態における効率的・効果的な行財政運営」など、最新のテーマを収録しています。また、**受験者が最も悩む解決策の書き方について、行政課題と職場課題に分け、主任・係長・管理職別に、具体的な考え方やポイントをまとめています**。

　なお、本書のねらいは、以下のとおりです。

1　誰でも必ず論文が書き上げられるように、段階的に解説

　事務職の方はもちろん、保育士など、日常の業務であまり文章作成に関わらない専門職の方や、初めて昇任試験を受験する方でも、必ず合格論文が書けるように順を追って段階的に解説しています。

2　2ページに解説と要点をまとめ、見やすくわかりやすい構成

　見開き2ページを1項目として解説と要点（レジュメ）を掲載しています。時間のない方が効率的に学び、復習できるように配慮しています。

3　的確にポイントを押さえた簡潔明瞭な説明

　論文の解説書には説明が長すぎてわかりにくいものが少なくありません。本書では、できるだけ簡潔明瞭にポイントを伝えています。

4　試験ごとの合格論文の掲載

　目指すべき論文の内容やレベルは、主任、係長、管理職など、試験ごとに当然異なります。試験別の合格論文を掲載することによって、皆さんが目指すべき論文の「ゴール」を示します。

5　勉強方法や当日の注意点も解説

　いかに時間をかけずに効率的に勉強するか、また試験当日は、どのような点に注意したらよいのか、といった点についてもまとめています。

　合格論文に必要な「論理的な思考法」「簡潔明瞭に伝える文章力」「職務に応じた問題意識」は、日々の職務で必要な能力でもあります。つまり、論文の勉強は仕事をしていくうえでも必ず役に立つものです。

　皆さんが、できる限り短時間で合格し、さらに昇任後のポストで活躍するための一助になれば幸いです。

令和3年4月

著　者

第3章　合格論文を書き上げる方法

第4章 仕事と両立！ 効率的な勉強法

第**5**章　慌てず、諦めず！　試験当日の注意点

第**6**章　合格論文例と解答のポイント

第 1 章

ダメ論文と合格論文の
違いをつかもう!

論文の内容が 合格後の役職に不適格

▶▶ 合格後の役職にふさわしい内容か

　この章では、典型的なダメ論文と合格論文を比較して、皆さんに合格論文のイメージをつかんでいただきたいと思います。合格できない論文（ダメ論文）には、受験者に共通する欠点があります。合格論文を作成する第一段階として、まずはその点を理解してください。

　ダメ論文の特徴の1つ目は、合格後の役職（立場）にふさわしい内容で書かれていないものが多い、ということです。

　受験者の皆さんは、合格後に主任や係長、あるいは管理職としての職務を担っていくことになります。しかし、受験者の論文には、係長試験なのに一般職員の視点での考察にすぎないものだったり、管理職試験にもかかわらず、係長レベルだったりというものが少なくありません。

　つまり、論文試験の種類によって、それぞれ求められる論文のレベルは異なるのです。

▶▶ 役職にそぐわない内容の論文とは

　まずは、受ける試験のレベルに達していない内容の論文例を見てみましょう。ここでは、係長試験の例を取り上げます。

　係長は、係のリーダーとして係員をまとめ、係の目標を達成する必要があります。保育園など出先施設の長ならば、部下に的確に指示をして、施設が円滑に運営するようリーダーシップを発揮することが求められます。

　しかし、例示のダメ論文では、現状を述べているだけで、係長として何をするのかという点が欠如しています。文章の表現などは問題ありませんが、これでは内容が主任レベルであり、係長論文としては不適格です。

ダメ論文はここが

　　職員一人ひとりが接遇の意義を十分に認識することである。首長の庁内放送でも指摘されているとおり、服装の乱れや窓口応対のトラブルが依然発生している。行政の基本は住民サービスを「親切・丁寧・迅速」に提供することであり、サービスの提供者たる職員はあらゆる機会に意識改革を行う必要がある。

　　　　　　　　　　　　合格後の役職で何をするのかわからない

合格論文はここが

　　職員一人ひとりに接遇の意義を十分に認識させることである。服装の乱れや窓口応対のトラブルが依然発生している。行政の基本は住民サービスを「親切・丁寧・迅速」に提供することであり、サービスの提供者たる職員はあらゆる機会に意識改革を行う必要がある。
　　このため、私は係長として係会などさまざまな機会で、窓口トラブルについて係全体で話し合う時間を持ち、職員に接遇の意義を徹底させる。

　　　　　　　　　　　　係長としての行動が書かれている

文章が論理的でない

▶▶ 論文とは論理的な文章

　論文とは、論理的な文章です。論理的とは、「筋が通っている」「理由や根拠が明確である」と言い換えてもよいでしょう。簡単な例を挙げると、「人は必ず死ぬ」→「孔子は人である」→「孔子は必ず死ぬ」のように筋道がきちんとしている文章です。論文は、この筋道・論理を読み手（採点者）に理解してもらい、内容を納得してもらうことが重要です。

　これに対して、印象や感情を表現したものは、作文です。自分の感じたこと、思ったことを自由に表現すればよく、そのことを理解する、納得するかは読み手の自由です。このように、同じ文章であっても論文と作文では大きく異なるのです。

　基本的に、昇任試験は論文として出題されます。自分の主張を採点者に理解・納得してもらう必要がありますので、表現には注意が必要です。

▶▶ 記述がバラバラ

　この論理的視点から見てもらうと、ダメ論文の記述がバラバラであることが理解できるはずです。改元、「市政運営の新たな戦略」の策定、住民ニーズの多様化・高度化、厳しい財政状況など、いろいろと書かれていますが、前後のつながりが不明で、何が言いたいのかわかりません。

　これに対し、合格論文では市政をめぐるさまざまな課題（施策、住民意識、財政状況）に対して、「市政運営の新たな戦略」を策定したという筋道が明確です。「本市は課題が山積しているが、新たな戦略を策定し対応している」というように、ストーリーが明確なのです。

　昇任試験論文では、このように、論理立てて表現することが求められます。

ダメ論文はここが

　元号が令和となったことを境に、さまざまな面で状況の変化が起きている。そのような大きな変化の中、本市は本年5月に「市政運営の新たな戦略」を策定した。

　一方、多様化・高度化する住民ニーズへの対応が求められている。住民意識が高まる中で、行政に対する視線は厳しくなってきている。

　また、景気の好転も見込めないことから、財政状況も非常に厳しい状況となってきている。

> 文章がバラバラで意味がわかりにくい

合格論文はここが

　現在、市政の課題は山積している。地域活性化、防災対策、福祉など、さまざまな施策の見直しが求められている。また、住民ニーズは多様化・高度化し、住民の行政に対する視線は厳しいものがある。さらに、景気の好転も見込めず、財政状況も非常に厳しい状況にある。

　このように課題が山積する中、本市は的確な行財政運営を行うため、本年5月に「市政運営の新たな戦略」を策定した。

> 文章の流れがスムーズで読みやすい

文章の内容が不明瞭

▶▶ 何が書いてあるのかわからない文章

　まだ論文を書いたことのない人からすると、信じられないかもしれませんが、何が書いてあるのかわからない論文をよく見かけます。これは、受験者の文章作成能力が低いというわけではありません。公務員試験を通過した職員であれば、一定の文章力はあるのですが、昇任試験論文となると、書けなくなってしまうのです。

　それは、普段の仕事で作成する文書であれば問題なく書けるにもかかわらず、論文となると身構えて、無理をしてしまうからです。名文をつくろうとするあまり、一文の中にいろいろと詰め込んで長文となってしまい、結果として「何が言いたいの？」と思われるような文章になってしまうのです。

　この他にも、「主語と述語が合っていない」「一文が３行、４行にもわたり、文章の前後で内容が合っていない」など、日本語としておかしい、意味不明な論文が結構あるのです。

▶▶ 一文が長すぎる

　例示のダメ論文については、解説するまでもなく、意味不明な文章です。受験者が何を言いたいのか、読み手には伝わりません。また、一文が長すぎることも、おわかりいただけると思います。

　これに対して、合格論文は一文一文が短く、前後の関係が明確です。

　このように、仕事で使う文書は普通につくることができる職員であっても、論文となると迷ってしまい、おかしな文章になることが少なくないのです。

ダメ論文はここが

　本格的な少子高齢社会を迎え、自治体は非常に厳しい状況にある。先進的な行政運営を展開してきた本市は、地域特性を活かした施策展開により、豊かさを実感できる生活空間をつくり上げることを求めている。
　住民福祉の向上という究極の組織目標を達成するためには、基礎自治体としての市の責任と役割が重い。

> 主語と述語が不一致

合格論文はここが

　本格的な少子高齢社会を迎え、自治体の役割が大きく注目されている。一方で、依然として歳入環境は厳しく、予断を許さない状況となっている。市は住民ニーズを的確に把握、反映しなければ、住民福祉の向上を実現することはできない。
　基礎自治体としての市の役割と責任は、これまで以上に重くなってきている。

> 一文一文が短く主張がわかりやすい

評論家の論文になっている

▶▶ 論文と聞いて勘違い

　皆さんが目指しているのは、あくまで昇任試験としての合格論文です。しかし、「昇任試験における論文とは何か」を十分に理解していない受験者が実はたくさんいます。「論文」と聞いただけで、大学時代の卒業論文、学者が学会などで発表する研究論文、専門誌への投稿論文などをイメージしてしまうのでしょう。

　このため、論文の採点をしていると、ときどき不思議な論文に出合います。「今後の低炭素社会の構築に向けて、国・自治体は一体となって取り組むべきである」といった、受験者が評論家や学者のようなスタンスで書いている論文です。研究論文を意識してしまい、このような論調になってしまうのです。

　採点者がこうした論文を見ると、「昇任試験としての論文を理解していない」と即座に判断します。もちろん、高得点を付けることはありません。

▶▶ 当事者意識のない、他人事の文章

　こうした論文の共通点は、「当事者意識がなく、他人事の文章になっている」ということです。昇任試験論文で求められるのは、与えられたテーマ（少子化問題、防災対策、効率的な職場運営など）に対して、受験者が昇任後のポスト（役職）にふさわしい対応をするのか、ということです。つまり、昇任後にその課題に対して、具体的にどのように行動するのか、が問われます。

　しかし、先のような論文では、そうした意識が欠落しています。「○○が重要と思われる」「今後更なる△△が必要と思われる」のように、あくまで他人事の文章となっているのです。これでは、昇任論文とは言えません。

ダメ論文はここが

ICTの利活用が重要になってきている。自治体の業務は、パソコンでの事務処理や問い合わせ対応などで、定型的業務も少なくない。そのため、定型的な業務にAIやRPAなどICTを積極的に活用し、業務を効率化しようとしている自治体が増えてきている。本市もICT化について検討が必要である。

> 他人事として課題を述べているだけ

合格論文はここが

ICTの利活用を推進することである。自治体の業務は、パソコンでの事務処理や問い合わせ対応などで、定型的業務も少なくない。そのため、定型的な業務にAIやRPAなどICTを積極的に活用し、業務を効率化しようとしている自治体が増えてきている。このため、私は係長として、業務のICT化について、係会で検討を行っていく。

> 課題に対する当事者意識が明確

独自の論文構成で書いている

▶▶ 昇任論文の構成には決まりがある

　前述の「評論家のような論文」とも関係しますが、受験者が独自の論文構成で書いている答案があります。通常、昇任試験論文は３段落構成または４段落構成が一般的です。にもかかわらず、原稿用紙の最初から最後までひたすら文章が並んでいるような論文です。

　昇任試験論文では、３段落の場合も４段落の場合も、各段落（章）のはじめには、必ずその概要を示す見出し（タイトル）を入れます。しかし、先のように章を分けずに、ただ文字を埋める答案だと、採点者にとっては、論文全体の構成がわかりにくいだけでなく、その全体像を把握するのが困難となります。

　反対に、必要以上に細かく段落を分けている論文もあります。一見すると、まるでエッセイのような印象を受けるのですが、こうした論文も、前後の章の関係が不明瞭になってしまうのです。

▶▶ 原稿用紙の使い方にも注意

　多くの場合、試験で用いられる答案用紙は、横書きで欄外に文字数が記載されています。文字数が記載してあることで、受験者も採点者も答案の文字数が一目で判断できるのです。

　しかしながら、ときどき意味もなく１行空けたり、左側２列をすべて空欄にしているような答案を見かけることがあります。受験者は、指定されている文字数を満たそうとしたのでしょう。しかし、これでは原稿用紙そのものの使い方が間違っているため、規定文字数に達したとは判断されませんので、注意が必要です。

ダメ論文はここが

　テーマである「係長のリーダーシップ」について、私はこの論文において①係長の役職とは何か、②部下が望む係長のリーダーシップ、③現在の職場における係長職の問題点、④私が目指す係長のあり方の４点について述べていきたいと思う。
　まず、そもそも係長の役職とは何か。私が思うに、係長とは部下から好かれ、上司から信頼されなければならない。

> 段落構成もなく自分ルールで書いている

合格論文はここが

１　山積する市政の課題
　人口減少が加速する中、本市においても、・・・・・・・・・・・・・・・・・・・・・・・・
２　今求められる係長のリーダーシップ
　現在、行政組織における係長には、・・・・・・・・・・・・・・・・・・・・・・・・・・・・
３　住民から信頼される係長として
　私は係長として、・・・・・・・・・・・・・・・・・・・・・・・・・・・・・・・・・

> 見出しで論文の全体像を把握できる

第**2**章

論文攻略のポイントを
押さえよう!

論文試験の目的

▶▶ なぜ論文試験をするのか

　この章では、「そもそも論文とは何か」ということについて説明していきたいと思います。自治体の昇任試験では、なぜ論文が課されているのか、皆さんは考えたことがあるでしょうか。実は、この点をよく考えていないために、勘違いしたまま試験に臨んでしまう受験者が非常に多いのです。

　「昇任するポストにふさわしい職員であるか否かを、論文によって判断する」。これが、昇任試験に論文が課される理由です。ポストを任せるには不十分な職員を昇任させてしまうと、組織は混乱をきたします。そこで、リーダーシップや職員の指導・育成に対してどのような問題意識があるか、また、それをきちんと伝えることができるかを見るのです。

　もちろん、面接だけで判断する自治体もあれば、択一試験を課す自治体もありますが、論文はこうした理由から行われています。

▶▶ 択一や面接とも違う、論文の目的

　もう少し具体的に、論文が他の試験科目（択一や面接）とはどう違うのかを見てみましょう。

　当然ながら、択一であれば、自治体によって異なりますが、例えば地方自治法や行政法、東京都なら都政実務など、知識の有無が中心です。また、面接であれば、その職員の人柄や考え方です。主任や係長、管理職としてふさわしい認識を持っているか、きちんと住民とコミュニケーションを取れる能力があるかです。場合によっては、厳しい質問や圧迫面接によって、ストレス耐性をチェックされるかもしれません。

　論文は、択一や面接では判断できない（論文以外では検証が難しい）、職

員の問題意識や表現力などを見るために行われるのです。

▶▶ 要綱から読み取る

　ちなみに、論文試験の目的は試験の要綱にも記載されていることがありますので、受験する際には確認するようにしてください。例えば、東京都の管理職選考の場合には、「問題意識、政策形成力、論理性、表現力等について評定します」と明記されています。

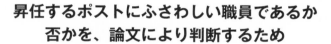

なぜ論文試験をするのか？

昇任するポストにふさわしい職員であるか
否かを、論文により判断するため
能力が不十分な人材を昇任させては、組織にとって不利益となる

択一や面接とは異なる論文の意義とは？

職員の問題意識や表現力を判断する

論文の評価基準

▶▶ 評価基準には、３つのポイントがある

　次に論文はどのような点を評価されているのか、評価基準について考えてみたいと思います。当然のことながら、論文の採点方法は自治体によって異なります。しかし、細かな視点の違いはあるにしても、基本的な評価基準は同じです。結論から言うと、評価基準は問題意識、論理性、表現力の３点に集約できます。

▶▶ 評価基準の概要

　問題意識は、論文の内容が昇任後のポストにふさわしい内容のものか、ということです。例えば、管理職試験なのに、書いてある内容が係長レベルでは不十分です。

　論理性は、論文の中で主張する認識・考えを、論理的に説明できているか、ということです。単なる思いつきを並べるのでなく、理由や根拠を挙げて自分の主張を説明する必要があります。

　表現力は、先の問題意識や論理性を文章で表現できているか、ということです。いくら立派な問題意識と論理性を持っていても、それを文章で表現できなければ意味はありません。

▶▶ 評価基準の例

　ちなみに、『地方公務員採用・昇任試験必携−問題作成の技術−』（学陽書房）では、昇任選考の考え方などについて詳しく紹介されています。

　この中には、内容面の評価基準として、問題意識、判断力、構想力の３点

が、表現面として構成、論理、語彙の３点（合計６項目）が挙げられており、それぞれ「優秀」とされるレベルは、次のように記載されています。

・問題意識……課題の本質を明確に把握している
・判断力………大局的かつ周到に計算された判断が見られる
・構想力………独創的かつ明快で高い水準が達成されている
・構成…………内容に即して明確かつ堅固に構成されている
・論理…………論旨明快で議論が周到かつ整然としている
・語彙…………豊富かつ的確で自分の言葉としている

論文では、どのような点が評価されるのか？

大きく分けると、３点に集約できる

1　問題意識
論文の内容が昇任後のポストにふさわしい内容のものか

2　論理性
論文の中で主張する認識・考えを、論理的に説明できているか

3　表現力
問題意識や論理性を文章で表現できているか

問題意識

▶▶ 与えられた課題に答える

　では、それぞれの評価基準について説明します。実際に採点者がどのような基準で論文を採点しているのか、をイメージしていただきたいと思います。「ああ、このような感じで採点されているんだな」と大枠をつかんでいただければ結構です。

　まず、問題意識です。問題意識は、大きく３点に分けることができます。

　第１に、与えられた課題にきちんと解答しているか、ということです。当たり前のように思えますが、実際には、解答していない論文は少なくありません。問題が「職員の意欲向上と管理職の役割」にもかかわらず、現状の問題点に終始して、対応策がまったく書かれていない答案。管理職としての具体的な行動ではなく、研修制度や人事についてばかり言及している論文。聞かれてもいないことに、いくら立派な文章を書いても評価はされません。

▶▶ 答案のバランスとレベル

　第２に、答案の内容がバランスよく、かつ一定のレベルに達しているかです。バランスとは、例えば「市民参加・協働」がテーマであれば、①職員の意識、②組織上の問題、③制度上の問題、などさまざまな観点からの記述が求められます。このとき、３点が似通った指摘では、受験者の視点の狭さを露呈してしまいます。

　一方、レベルは、解決策の例であれば、思い込みや説得材料のない意見ではなく、先進自治体の例や学術的な理論、統計データなどの根拠が伴っているかです。また、法改正を把握しておらず、古い知識で書かれている場合も評価されません。採点者を納得させうる根拠・理由が求められるのです。

▶▶ タイムリー性と実現可能性

第3に、タイムリー性と実現可能性です。タイムリー性とは、時事的にそのときの状況に合った内容かどうか、ということです。すでに話題性の低いトピックではなく、今まさに話題となっている事柄を盛り込むと、答案の完成度は高まります。また、立派な解決策、行動を記しても、その実現可能性が低くては意味がありません。机上の空論ではない、今まさに地方自治の課題に向き合っている職員として、ふさわしい内容かどうかを見られます。

問題意識のポイント

**1 与えられた課題に対してきちんと
答えているか？**
課題に沿わない内容を書いても評価はされない

**2 答案の内容がバランスよく、
かつ一定のレベルを満たしているか？**
幅広い視点から書かれているかというバランスと、
採点者を納得させるレベルの理由・根拠が必要

**3 タイムリーなトピックを盛り込み、
実現可能な解答となっているか？**
古い話ではなく、現時点での話題や新しい視点、
そして実際に実現できる内容

論理性

▶▶ 論理的矛盾

　論文の評価基準の2つ目は、論理性です。論理性があるとは言えない文章とは、どのようなものかチェックしていきましょう。

　第1に、論理的矛盾です。昇任試験論文では、論文全体を見渡すと、矛盾がある答案をよく見かけます。例えば、「地域防災」というテーマで、前段では「災害応急対策活動の拠点として施設整備が必要である」と書きながら、後段では「施設整備は財政負担も大きいため、安易に行うべきではない」などと記述しているケースです。採点者は「この受験者は施設整備について、結局どう考えているのか？」と疑問を持ちます。同じ段落での矛盾だけでなく、全体的に見て論理的矛盾がないかどうか、チェックしてみてください。

▶▶ 論理的飛躍

　第2に、論理的飛躍です。例えば、論文の冒頭で「現在、基礎自治体を取り巻く状況は厳しい。だからこそ、将来負担はできるだけ少なくするべきだ」と記述していたとしましょう。これでは、なぜ「厳しい状況」だと、「将来負担を少なくするべき」なのか、明確なつながりがありません。

　受験者本人は、自分の頭の中でつながりがあると思っていても、採点者には伝わらないのです。正しい道筋や手順がなく、あるべきステップを越えて結論が導かれているため、信頼性が失われてしまうのです。

▶▶ 記述に一貫性がない

　第3に、記述に一貫性がないことです。論理的な文章は、「係の組織目標

を達成するためには、係の組織目標、係員の個人目標を明確に定めることが重要だ。なぜなら、係員が自分の職務に対する当事者意識、自律心と責任感を持つことができるからだ」のように、主張に対して根拠・理由が明確です。

しかし、一貫性のない答案の場合、「係の組織目標を達成するためには、係や個人の目標が大切だと思う。目標管理は当市でも実施している。また、コミュニケーションの活発化も重要だと考えられる……」というように、文章がバラバラです。このように、記述に一貫性がなく、それぞれの文章の関係性が明確ではないものは、論文とは呼べないのです。

論理性に欠ける文章とは？

1 論理的矛盾
同じ段落や、論文全体で記述している内容が違っている

2 論理的飛躍
受験者はわかっているつもりでも、採点者が理解できない
論理的飛躍は論文とは言えない

3 記述に一貫性がない
文章の前後に関係がなく、記述がバラバラでは論理的な
文章とは言えない

矛盾や飛躍があると、一気に
論文の信頼性はなくなる

表現力

▶▶ 簡潔明瞭であること

　論文の評価基準の3つ目は、表現力です。

　第1に、簡潔明瞭であることです。何本もの論文を読む採点者は、論理的にわかりやすいことを求めています。日本語としておかしい、意味が通じないなど、何度も読み返さなければならない答案は評価されません。

　よくある例としては、文字数を稼ごうと必要のない修飾語をつけて、一文を無理矢理長くしているものです。一文は短文が基本であり、意味のない長文は、それだけで内容が薄いことの証左であり、採点者はすぐに気づきます。

　こうした論文は、皆さんもお読みいただければ理解できると思うのですが、意識しないまま筆を走らせると、そうした文章を書いてしまうことが実際にあるので注意してください。

▶▶ 文学的表現は使わない

　第2に、文学的表現を用いていないか、ということです。昇任試験論文は、あくまで受験者が昇任後のポストにふさわしいかを判断するためのものです。小説や随筆とは異なり、読み手の感情を突き動かす必要はありません。「既成概念という氷山が、我々の市政改革への動きの前に立ちはだかっている」とか、「改革を実行するのは今！　一刻の猶予もないのだ」のような比喩や詩的表現は不適当です。

▶▶ 客観的な資料を用いる

　第3に、客観的な資料を用いているか、ということです。

論文で自分の主張を伝え、採点者に納得してもらうには、思いつきや、模範論文からの引用だけでは説得力がありません。そのためには、統計データなどの客観的な資料を根拠として示したうえで、論理展開していくことが求められます。

　例えば、「○○市民意識調査において、市が発信する情報の入手方法を聞いたところ、在住者では、第1位が『市報』、第2位が『自治会や庁内会の回覧板・掲示板』となっている」などの文章を加えるだけで、説得力はぐっと増すのです。

表現力に問題のある論文とは？

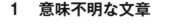

1　意味不明な文章

日本語としておかしい、意味が通じない

2　文学的な文章

「改革するのは今！」のような詩的表現や
比喩

3　説得力に欠ける文章

思いつきや他人の論文から引用しているだけで
客観的な根拠がない

論文には鉄則がある

▶▶ 論文の鉄則とは

　昇任試験における論文は、学者の研究論文や専門誌への投稿論文とは異なり、一定のルール、お約束、簡単に言うと「論文の鉄則」があります。それを理解していないと、採点者は「この受験者は、昇任論文を勉強していないな」と判断し、高得点をつけることはなく、結果不合格となってしまいます。

　これまで多くの論文を添削・採点してきましたが、頑なに独自の構成やルールで論文を書き上げる受験者を見てきました。しかも、何回添削しても、修正せずに同じような形式で提出してくるのです。本人は自信があるのかもしれませんが、採点者が評価することはありません。

　なぜならば、採点者は皆、こうした論文の鉄則を学習して、合格した人たちです。鉄則を身につけたからこそ、合格したのです。その合格者が採点者を務めるのですから、そうした独創的な論文を「今までにはない斬新で独創的な論文だ！」と高評価することはないのです。

　別の視点から言えば、組織における試験ですから、そうしたルールをふまえていなければ、何回受験しても合格はできません。鉄則を無視して勉強しても、遠回りになるだけです。たとえ、その鉄則の是非に意見があろうと、合格するためには、「昇任試験とはそういうルールなんだ」と認識して、効率的な対策をすることが大切なのです。

▶▶ 論文の鉄則には形式、内容とさまざま

　論文の鉄則については、次項から1つずつ説明しますが、その鉄則には形式面もあれば、内容面もあり、多岐にわたります。

　鉄則の内容は非常に多いのですが、それを理解すること自体はそれほど難

しくないと思います。説明を読んでいただければ、「ああ、そういうことか」
と合点がいくはずです。

　問題は、それを実際に論文にすると、そうした鉄則すべてをふまえて論文
を書き上げることは決して簡単ではないということです。皆さんもおそらく、
「頭ではわかっているけれど、なかなかできない」という思いを抱くことで
しょう。しかし、最初はそうしたことはあまり気にする必要はありません。
そもそも、いきなりすべての鉄則をふまえた論文を書くことは不可能です。
まずは、完璧でなくても、一本論文を書き上げることを目指してください。

論文の鉄則とは？

↓

1　昇任試験としての論文であるため、
　　一定のルール・約束がある

　形式面・内容面ともに「決まりごと」があるので要注意

2　まずは鉄則を理解することが、
　　合格への早道

　鉄則を無視した自己流の論文を書き上げても、
　評価はされない

論文は組織に対する誓約書

▶▶「昇任したら何をするのか」を書く

　鉄則の1番目は、「昇任したら何をするのか」を書くことです。

　ポイントは、昇任後の役職に就いたら何をするのか、具体的な行動を記述することです。

　当然のことながら、昇任試験論文では、受験者がその昇任後の役職（主任・係長・管理職など)にふさわしい人物であるのか否かを判断します。決して、受験者の考える評論や認識を聞きたいわけでなく、学術的な研究者としての論文を期待しているわけでもありません。あくまで、行政の実務担当者として、昇任後に何をしてくれるのかを聞いているのです。

　つまり、採点者が知りたいことは、与えられた課題に対し、係長として、または管理職として、どのように行動してくれるのかです。このため、昇任試験における論文は、組織に対する一種の誓約書とも言えるのです。

　具体的に、「私は係長として、課題である効率的な職場運営のために○○をします」「課長として、子育て家庭の支援のため、△△という施策を行います」などのスタンスで論文を書くことが必要です。

▶▶ 日頃から昇任後の立場を想定して考える

　昇任後の具体的な行動を記述するためには、日頃から「自分が係長だったら、どうするのか」「課長として、どう判断するのか」という視点を持っておくことが大切です。

　昇任試験論文で使える素材は、身近なところにたくさんあります。毎日の仕事の中で気づいた問題点に対して、係長や管理職の立場になったつもりで考えてみましょう。

これにより、単に論文の勉強ということでなく、実際に昇任したらどのようにふるまうか、という意識を持つことができます。小さなことのように感じられるかもしれませんが、実際に昇任してから必ず役立ちます。

少し余談になるかもしれませんが、このところ、昇任してもすぐにつぶれてしまう職員が多くなっています。これは、昇任後の職責について十分理解していなかったことも理由の1つに挙げられます。昇任試験の勉強ばかりで、昇任後に何をするかを十分に理解していないと、不幸な事態に陥ることにもなりますので、注意が必要です。

「昇任したら○○をします」
というスタンスで書く
昇任後のポストにふさわしい行動が求められる

評論でも研究論文でもなく
「何をするか」が大事
昇任試験は、受験者がそのポストに適任かを判断する

素材は身近なところにある
普段から意識する心構えが、
試験はもちろん、昇任してからも活きる

知識を並べただけでは、論文とは言えない

▶▶ 知識を羅列した論文

　よくある間違った論文の例に、知識を並べただけの論文があります。

　例えば、働き方改革という課題に対し、「人口総体や生産年齢人口が減少する中で、長時間労働・残業などの日本の慣習が生産性低下の原因になっている。このため、平成28年に「働き方改革担当大臣」が新設され、その下に「働き方改革実現会議」が設置された。また、平成30年には働き方改革関連法が成立し、平成31年4月より順次施行されることとなった。さらに、令和2年4月から同一労働同一賃金が始まり…」というような論文です。

　受験者は試験の課題を予想し、さまざまな知識を暗記して、論文に反映したのでしょう。しかし、採点者から見れば、いくら知識を並べられても「だから、何？」と考えてしまいます。先に述べた「昇任したら○○をします」という記述が何もないからです。これでは、受験者が課題に対して何を考え、昇任後のポストでどのような行動をするのかがわからないため、評価されることはありません。

　先の例ならば、ワーク・ライフ・バランスを実現するために行政として何をするべきなのか、超過勤務を縮減するために、自分は何をするのかを記述することが重要なのです。

▶▶ 知識を増やすための勉強では、論文は書けない

　このことに関連して、皆さんに注意してほしいことがあります。それは、論文の勉強のために、いろいろな参考書や専門誌を読み漁り、知識を増やしても、それだけでは論文は書けないということです。

　昇任試験論文では、さまざまな課題が出題されます。いわゆる「職場課題」

であれば、効率的な職場運営、部下育成、係運営のあり方、また「行政課題」であれば、防災対策、少子高齢化、住民との協働など、多岐にわたります。

　このため、「論文の勉強をしなくては」と焦るあまり、先のようにいろいろな本や資料を集め、読み込む受験者がいますが、これでは決して「自分の意見」は生まれず、単に知識が増えるだけです。

　こうした資料集めで勉強した気分になってしまうことは、受験者が陥りやすい落とし穴です。勉強法については追って詳しく説明しますが、十分注意してください。

受験者が間違えやすい論文とは？

⬇

知識だけを並べた論文

〈例〉平成 28 年に「働き方改革担当大臣」が新設…
　　　また、平成 30 年には働き方改革関連法が成立…
　　　さらに、令和 2 年 4 月から同一労働同一賃金…

⬇

「昇任したら何をするのか」がない！

採点者は「自分の意見がなく、係長（管理職）に
ふさわしいか、判断できない」と思ってしまう

⬇

本や資料を読み込むだけでは、
自分の意見は生まれない

役職に応じた
内容が必要

▶▶ 主任試験と係長試験では、内容が異なる

　主任、係長、管理職などそれぞれの試験によって、求められる論文の内容・レベルは異なります。係長論文なのに、主任のような意識であったり、まるで課長のようなつもりで「事業を実施するため、積極的に議会と調整する」といった文章では、役職の違いをきちんと認識していないことになります。

　係長であれば係の長として、部下を取りまとめ、上司である課長を補佐・サポートする必要があります。よくある勘違いとして、何か問題があると「すぐに係会を開催して、係員と相談する」のような文章がありますが、それでは係長としてのリーダーシップは感じられません。

　与えられた課題に対し、係長として何ができるのか、もしくは何ができないのかを明確にして論文にすることが必要です。そのために、それぞれのポストの役割について、十分理解しておくことが重要です。

▶▶ 管理職試験では具体性が必要

　特に注意してほしいのは、管理職試験です。管理職論文でも「職員の政策形成能力向上のため、あらゆる機会を通じて伝えていきたい」などの抽象的な内容が書かれている答案があります。

　管理職試験にもかかわらず、このような抽象的な内容では、採点者は物足りなさを感じてしまいます。課長の役割は、課の責任者として予算と職員を活用して、施策を実施していくことです。

　ですから、わかりやすく言えば、お金と人を使って何をするのか、この点を明確に記述するのが管理職論文です。

　そう考えると、「あらゆる機会を通じて」では漠然としており、具体的に

何をするのかよくわからず、管理職論文としては不適当と言わざるをえません。民間企業や他団体への派遣研修、定期的な職場内研修でのプレゼンの実施、庁内の横断的なプロジェクトチームへの参加など、目に見える形での内容が必要なのです。

　同じように、「住民の意見を的確に把握して、事業を行っていく」といった抽象的な文章も不十分です。具体的な住民意見の把握方法（住民説明会、アンケート、モニター制度など）までを記述する必要があります。

**主任、係長、管理職、それぞれの
役職に応じた内容が求められる**

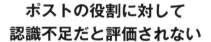

**ポストの役割に対して
認識不足だと評価されない**

〈例〉係長試験なのに「議会と調整する」など裁量を超えた行動
　　　管理職試験なのに「あらゆる機会を通じて」など抽象的な表現

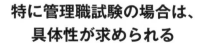

**特に管理職試験の場合は、
具体性が求められる**

**お金（予算）と人（職員）を使って
何をするのかをはっきり書く**

論文には決まった型がある

▶▶ 論文の構成は３段落か４段落

　鉄則の４番目は、論文には決まった型・フォーマットがあるということです。まずは、段落構成について説明します。

　各自治体で実施されている昇任試験は、「地方分権における行政と地域の役割について述べなさい」のような課題が一般的です。

　このような課題に対しては、指定された文字数によりますが、３段落構成または４段落構成で答案を作成します。

　３段落構成であれば、序章・本論・終章、４段落構成であれば、序章・問題点・解決策・終章となります。このような構成を取らず、自分の考えを整理せず、思いつくままに原稿用紙をびっしり埋めるような答案では、「この受験者は論文をわかっていないな」と判断されますので、注意が必要です。

　ただし、自治体によっては、構成が指定されている場合があります。例えば、次のような出題例です。

　①　あなたが考える「地域の活力とは何か」を述べてください。

　②　その上で、本市が地域の活力を引き出すためにどのような施策を行っていくべきか、述べてください。

こうした場合は、当然のことながらその指定に従って書くことになります。

▶▶ 各章の冒頭には見出しをつける

　次に、論文の各章の冒頭には、数字（番号）とともに、内容を簡潔に表現した見出しをつけます。

　例えば、「防災対策」という課題であれば、序章「１　重要性を増す防災対策」、問題点「２　本市の防災対策の課題」、解決策「３　安全安心なまち

づくりのために」、終章「4 来たるべき災害に備えて」などのように、各章の冒頭にその章の内容にふさわしい見出しをつけるのです。

　これにより、論文の構成が整理されていることが一目瞭然となります。先にも示したように、原稿用紙の冒頭から最後までびっしりと文字で埋められていては、採点者にとっては論文の構成を理解するのが大変です。

　なお、この見出しも簡潔明瞭であることが重要です。小説の見出しではないのですから、あまり長くならないように、また文学的表現にならないように注意してください。

昇任試験論文の型・フォーマットとは？

↓

1　構成
３段落構成、または４段落構成が一般的
ただし、指定された構成があれば、指定に従って書く

2　見出し
各章（段落）の冒頭には見出しをつける
見出しがなく文字が並んでいては、構成がわかりづらい

3段落構成

▶▶ 3段落構成の内容

それでは、まず3段落構成の論文について説明します。3段落の論文は、先程も述べたように、序章・本論・終章で成り立っています。それぞれの役割は、以下のとおりです。

序　章……与えられた課題の重要性について言及する

　　　　　（その課題が、行政にとって重要な課題であることを記述）

本　論……課題に対し3つの視点から、問題点・解決策を記述する

　　　　　（その課題に対し、係長として何をするのか、など）

終　章……課題に対し序章とは違う視点などを記述する

　　　　　（本論で述べたこと以外の視点、など）

論文の流れとしては、序章で「与えられた課題は、まさに今の行政にとって重要な課題です」という点を、本論で「自分は○○をします」という点を明確にします。そして、最後に「課題については、今後△△のような視点も必要です」と新たな視点を提示したり、「係長として全力を尽くします」のように決意表明を記述する場合もあります。

▶▶ 1,500字が目安

なお、論文を3段落構成にするか4段落構成にするかは、だいたい1,500字を目安に考えるとよいでしょう。1,500字未満であれば、3段落構成の方が書きやすいと思います。

少ない文字数で4段落構成にすると、各章の分量が少なくなってしまいます。次項で説明しますが、4段落構成で問題点と解決策の分量が少ないと、内容が薄い印象になってしまうので、注意が必要です。

実際に多くの合格論文を読んでみると、この構成どおりに書かれていることがわかるでしょう。まだ論文を十分に理解していない方は、こうした構成に注意しながら、論文を読むようにしてください。そうすると、実際に書く場合にとても参考になります。

　また、すでにおわかりかと思うのですが、３段落構成の場合は、本論部分が最も重要です。この部分で「係長（管理職）として何をするのか」を明確に述べることが、高評価を得るためのポイントです。

３段落構成の論文とは？

序章……**与えられた課題の重要性について言及する**

本論……**課題に対して３つの視点から、問題点・解決策を記述する**

終章……**課題に対し、序章とは違う視点などを記述する**

３段落構成か４段落構成にするかは、1,500字が目安

1,500字未満であれば、３段落構成
1,500字以上であれば、４段落構成

4段落構成

▶▶ 4段落構成の内容

　次に、4段落構成の論文について説明します。4つの段落は、それぞれ以下のとおりに分類できます。

　　序　　章……与えられた課題の重要性について言及する

　　　　　　　　（その課題が、行政にとって重要な課題であることを記述）

　　問題点……課題に対し3つの視点から、問題点を記述する

　　　　　　　　（類似しない、幅広い視点から指摘する）

　　解決策……指摘した問題点に対し、その解決策を記述する

　　　　　　　　（問題点の裏返しにならないように注意する）

　　終　　章……課題に対し序章とは違う視点などを記述する

　　　　　　　　（本論で述べたこと以外の視点、など）

　つまり、3段落構成では「本論」としてまとめて記述する「問題点」と「解決策」を、2つに分けて論じます。序章と終章については、前項の3段落構成で説明しましたので、ここでは問題点と解決策について説明しましょう。

　問題点は、課題に対して3つの視点から指摘します。必ずしも3点でなければならないわけではありませんが、視点の数としては3つが適当です。

　解決策は、問題点で掲げた3点について、それぞれ具体的な方策を述べます。当然ながら、問題として指摘しておきながら、きちんと解決できる内容になっていない答案では、論文として成立しているとは言えません。

▶▶ 解決策が問題点の裏返しにならないように

　4段落構成でありがちな間違いは、問題点と解決策が裏返しになっているケースです。

例えば、「職員のコスト意識が欠如している」という問題点に対し、「職員のコスト意識を高める」という解決策を記述してしまうような論文です。問題点が「意識の欠如」なのですから、「意識を高める」のは当然のことです。当たり前のことを書いても、解決策にはなりません。

　解決策としては、「係全体で予算・決算について定期的に検討し、費用対効果を検証する」などのような具体的な方法を記述することとなります。

　こうした具体策を実施することにより、結果として「職員のコスト意識が向上する」のです。この点については、十分注意してください。

４段落構成の論文とは？

↓

序　章……与えられた課題の重要性について
　　　　　言及する

問題点……課題に対し３つの視点から、
　　　　　問題点を記述する

解決策……指摘した問題点に対して、
　　　　　解決策を記述する

終　章……課題に対し、序章とは違う視点など
　　　　　を記述する

↓

問題点と解決策の記述が、
「裏返しの関係」にならないように注意する

文章が論理的である

▶▶ 文章が論理的とは

　論文には、文字通り論理が不可欠です。言い換えれば、筋が通っていることが、論文の条件です。論理的飛躍や論理的矛盾があっては、論文とは言えません。

　そこで皆さんに理解してほしいことは、1つひとつの文章に、「なぜ?」と問いかけることです。

　例えば、「本市には課題が山積している」という文章を書こうとするのであれば、「なぜ課題が山積していると言えるの?」と問いかけてみてください。その理由(財政がひっ迫している、環境・教育など多岐にわたり行政課題がある、など)がなければ、決して論理的とは言えないからです。

　また、「採点者なら、このくらいのことはわかっているだろう」と、読み手の感覚に頼る文章は論文とは言えません。行政のことを十分に理解していない、中学生や高校生でも読んでわかるような、因果関係が明確な文章でなければ、論文とは言えないのです。

▶▶ 理論構築

　論理的な文章を書くにあたっては、理論構築が必要です。ここで、その例を少し説明してみましょう(詳しくは、次章で解説します)。

　第1に、主張と根拠・理由が明確であることです。例えば、「現在、市民は高い定住意識を持っている」という主張ならば、「市政世論調査において『本市に住み続けたい』と回答した市民は90%に上った」などです。

　第2に、三段論法・演繹法と呼ばれる、一般的なルールに観察したことを当てはめて結論を出す方法です。「行政は効率的に執行しなければならない」

という一般的ルールに対して、「2人の係員がお互いの意思の疎通がないために同じ仕事をしていた」という観察を当てはめて、「職員が効率的に事務を執行するため、情報の共有化が必要である」というような結論を導き出します。

第3に、帰納法と呼ばれる、いくつかの事例から結論を導く方法です。「A文化会館の稼働率が低い」「B文化会館の稼働率が低い」「C文化会館の稼働率が低い」という共通の事例があれば、「本市の文化会館の稼働率が低い」という結論を導き出すものです。

論文＝論理的な文章

⬇

論理的とは？
行政の現場を知らない、中学生や高校生でもわかる文章

⬇

論文では「理論構築」が必要

⬇

理論構築とは？
〈例〉演繹法、帰納法など

作文とは違う

▶▶ 論文と作文は違う

そもそも論文と作文は違うものです。対比すると、以下のとおりです。

論文……テーマについて、論理的に自分の考え・意見を記述した文章

作文……感想や経験などの状態や感情を書くことを中心とした文章。相手の感情に働きかけるもの

多くの自治体では、昇任試験では論文として出題することがほとんどだと思います。この論文により、住民への説明能力や、係長や管理職としての問題意識を検証することが目的となっているのです。

▶▶ 作文として出題する自治体も

少数ですが、自治体によっては昇任試験の科目でも作文として出題している例もあります。これは、文字数が600から800字などの比較的文字数の少ない場合に見られます。試験の実施要綱などを見ると、こうした文字数の少ない場合は作文、そうでない場合は論文としている自治体もあります。

しかし、結論から言えば昇任試験であれば、作文であれ論文であれ、その内容に違いはありません。作文だからといって、先の区分のように採点者の感情に訴えるような文章は、昇任試験としては不適当です。

なぜなら、あくまで行政の実務担当者の能力実証のために実施する試験なので、感情に訴えるような内容では、昇任の可否は判断できないからです。

ちなみに、公務員採用試験の場合には、その人間性を見るために「私が大事にしていること」「これまで最もつらかったこと」などの課題で、作文として出題されることもあります。採用試験と昇任試験とでは目的や判断基準が異なりますので、作文としての出題も多いようです。

▶▶ 昇任試験であれば論理的に記述する

　昇任試験であれば、仮に作文として出題された場合でも、論理的であることを強く意識した文章が求められます。一般的な作文と同じだと捉え、自分の感情や思いを述べるだけでは、理由や根拠が不足したり、どうしても記述がバラバラになったりして、一貫性に欠けてしまいます。

　ですから、昇任試験では、前項で述べた理論構築を強く意識して文章を仕上げ、明確でわかりやすい文章を書く必要があるのです。

作文と論文とは何が違うのか？

↓

論文……テーマについて、論理的に自分の考え・意見を記述した文章

作文……感想や経験などの状態や感情を書くことを中心とした文章。相手の感情に働きかけるもの

↓

1　昇任試験はあくまで受験者の能力実証が目的

2　出題が作文でも、論理的に記述する

誤字脱字でも減点

▶▶ 誤字脱字の答案は非常に多い

　論文の添削や採点をしていると、誤字脱字が多いことに驚かされます。「不可欠」を「不可決」、「効率的」を「功率的」と書いてあったり、例を挙げればきりがありません。ひどいケースでは、課題である「効率的な職場運営」を間違えて、何度も「功率的な職場運営」と記述するような答案もあります。何度も間違えるので、採点者としては見過ごすことはできません。

　当然、これらの誤字脱字は減点の対象となります。その減点の程度は、自治体によって異なりますが、一般的には１、２回程度であれば大きな減点につながるということはないでしょう。しかし、先のように繰り返し間違えるとなると、大幅な減点を覚悟しなければなりません。

　現在、自治体を含め、ビジネスにおける文書作成はPCに頼っているケースが多く、手書きで文字を書く機会は少なくなりました。このため、誤字脱字が非常に多くなっています。

　実際に、論文を手書きしてみるとわかるのですが、漢字が出てこなかったり、予想以上に時間がかかったり、いろいろな発見があるものです。後述しますが、試験前には必ず論文は手書きして練習するようにしてください。

　なお、脱字にも注意してください。筆の勢いもあり、結構抜けてしまうことがあるのです。また、当然ですが、完成した論文は読み直して確認するようにしてください。

▶▶ 自信がなければ、ひらがなか別の用語で

　論文を書いていると、どうしても漢字が思い浮かばなかったり、きちんと書けているか自信がない文字が出てくる場合があります。こうした場合は、

不安なまま適当な漢字を書くのは禁物です。ひらがなにしたり、他の用語に置き換えるなどの工夫をしましょう。間違って減点になるよりは、その方がずっと安全です。

　また、論文の練習の際に、自信がない文字が出てきたときは、すぐに辞書を引いたり、PCで調べるなどして、正しい文字を確認するようにしてください。昇任試験で用いる専門用語や頻出のキーワードはだいたい決まっていますので、練習するうちに身についてきます。最初は少し面倒に感じるかもしれませんが、試験当日に必ず役立ちます。

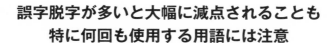

誤字脱字を甘く見ない

誤字脱字が多いと大幅に減点されることも
特に何回も使用する用語には注意

自信のない漢字はひらがなか別の用語で

試験前の答案練習は手書きで行い、
自信のない漢字はその都度確認する

文字数は 指定の範囲で書く

▶▶ 答案用紙は正しく使う

　通常、昇任試験は「係長のリーダーシップについて、あなたの考えを1,500字から2,000字で述べなさい」のような出題例が一般的です。このとき、まず注意してほしいのは、正しく答案用紙を使うことです。「何を当たり前のことを！」と考える方もいるかもしれません。しかし、実はこれができていない受験者は少なくありません。

　例えば、横書きの答案用紙の場合、段落と段落の間を1行空けたり、左側1列をすべて空白にして書いたり、一文一文を改行して書いたり、採点者から見ると「文字数を稼いでいるのか？」と疑いたくなる答案があるのです。

　こうした答案は、仮に行数が指定の範囲になっていても、文字数が不足していると見られてしまいます。

▶▶ 指定された文字数に収める

　先の出題例の場合は、1,500字から2,000字で収めることが必須です。1,500字未満でも2,000字以上でも、減点の対象となる場合があります。特に、極端に文字数が少ない場合には、0点になることもあるため、注意が必要です。

　指定の文字数を超えた場合、一般的に指定の1割以内、先の例で言えば2,200字以内であれば許容範囲などとも言われていますが、できるだけ避けた方が賢明です。

▶▶ 出来る限り文字数の上限ぎりぎりに書く

　指定された文字数が最低条件ですが、高得点を目指すためには、できるだ

け文字数の上限ぎりぎりに書くとよいでしょう。

　これは、少し考えていただければおわかりになると思うのですが、文字数の指定範囲の最小限と最大限では、その内容に違いがあるのは、当然のことです。最低ラインをぎりぎり超える程度の文字数の答案は、どうしても中身（内容）が薄いと感じられるものが多いのです。

　ですから、「下限をいかに超えるか」ではなく、「上限ぎりぎりまでいかに書くか」を意識するようにしてください。

文字数は指定の範囲を厳守する

⬇

1　答案用紙は正しく使う
間違った使い方では、「文字数稼ぎ」と見られることもある

2　指定された文字数に収める
指定範囲でないと減点の対象

3　出来る限り文字数の上限ぎりぎりに書く
少ない文字数では内容が薄くなる

原稿用紙の使い方

▶▶ 原稿用紙の使い方を間違っている受験者は多い

　前項で、まるで文字数稼ぎかと疑いたくなるような答案があると書きましたが、その他にも原稿用紙の使い方を間違っている受験者は非常に多いのが実態です。細かなことですが、もったいない減点を避けるためにも、最低限注意すべきポイントは押さえておきましょう。

▶▶ 注意点

　具体的な注意点は、以下のとおりです。

　第1に、縦書きと横書きに注意することです。通常は、横書きに指定されていることが多いと思いますが、指定された形で記述していく必要があります。特に指定がない場合であっても、原稿用紙を見ると、欄外に400などの数字が記載してあり、文字数がわかるようになっています。

　第2に、段落の冒頭は1マス空けます。改行して新たな段落を書き出す場合に、最初の1マスを空けるのです。

　第3に、句読点（。や、）、括弧（「　」〈　〉）、記号などは1字として数え、原稿用紙の1マスを用います。よく「　」については、他の文字と一緒にしている方がいますが、原則は1マスを使います。

　第4に、句読点や閉じ括弧（」や）など）は行頭には用いません。前の行の最後のマスに他の字と一緒にするか、行外に記載します。

　第5に、数字は2つで1マスに入れます。2021年であれば、「20」「21」「年」がそれぞれ1マスとなります。2021すべてを1マスに記入する受験者もいますので、注意が必要です。

　第6に、訂正の方法です。論文を一通り書き上げた後で、間違いに気がつ

く場合があります。マス目が不足して、消しゴムでは修正できないときは、文を加えたいマスの間から吹き出しをつくり、欄外に加筆します。採点者にわかるように、はっきりと記述することが大事です。

　ただし、修正は最小限にすべきで、欄外に大幅な修正をすることは望ましくありません。

　原稿用紙の使い方の間違いだけでも、減点の対象だと述べましたが、採点者の立場から言うと、こうした基本的な使い方をわかっていないと、「そもそもこの受験者は論文の勉強をしていないな」と考えてしまいます。

原稿用紙の使い方のポイント

1　縦書きと横書きを間違えない

2　段落の冒頭は１マス空ける

3　句読点、括弧、記号も１マス

4　句読点などは行頭に使用しない

5　数字は２つで１マス

6　訂正の方法を知っておく

論文には相性がある

▶▶ 添削は人によってスタイルが異なる

　これまで論文の鉄則について説明してきましたが、最後の鉄則は「論文には相性がある」です。これは、１回でも論文を人に添削してもらった人であれば理解できると思うのですが、論文を見る際のポイントは、添削者（採点者）によって異なります。

　例えば、添削する場合でも、細かく手を入れて修正するＡ課長もいれば、コメントを書き入れるだけで、具体的な修正案は書かないＢ課長もいます。「なあんだ、それじゃあ論文の評価なんて、採点者によってバラバラになるんじゃないか」と考える人もいるかもしれませんが、それは違います。

　以前にも述べたように、論文の評価基準は、基本的には問題意識・論理性・表現力の３点で共通していますので、採点者によって評価が大きく異なるということはないのです。Ａ課長とＢ課長の違いは、ある意味個性というか、文章のスタイルに近いものといえます。ですから、そうした違いは評価基準ではなく、その先にある、その人の個性やスタイルと考えてもらえればよいと思います。

▶▶ 複数の中から自分に合った人を見つける

　以上のことをふまえて、注意点があります。それは、なるべく多くの管理職に論文を見てもらい、自分のスタイルにあった人を見つけることです。「Ａ課長はこのように添削してくれたけど、なんか違う感じがする」と考えるのであれば、他の管理職にも見てもらい意見を聞くのです。自分で納得できないまま、無理やり修正してＡ課長に「合格論文だ！」と言われても、実力にはなりません。あくまで自分が納得したうえで論文を修正しないと、本

番では対応することができないのです。

　なお、論文を添削してもらうのは、実際に採点者を務める管理職がよいでしょう。受験者同士で添削しあったり、管理職でない人に添削をしてもらったりしても、経験値が低いため、添削の妥当性に疑問が残ります。

　また、合格論文にするためには、2人以上の管理職が「合格論文だ」と判断してくれることが必要です。1人だけの判断では、やはり心配な点がありますので、確実に合格論文とするためには2人以上の判断を得るようにしておいた方が賢明です。

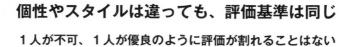

添削者によって指摘するポイントは異なる

個性やスタイルは違っても、評価基準は同じ
1人が不可、1人が優良のように評価が割れることはない

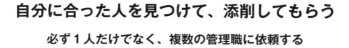

自分に合った人を見つけて、添削してもらう
必ず1人だけでなく、複数の管理職に依頼する

自分が納得しないと実力は身につかない

第 3 章

合格論文を
書き上げる方法

論文作成の6ステップ

▶▶ 問題文変換→課題分析→理論構築

　いよいよこの章では、論文を作成する手順について説明します。詳細はこれから追って説明していきますが、まずは全体の流れを理解してください。

　第1に、問題文の変換です。これは、与えられた問題文を解答しやすいように変換することです。「昇任後のポストの適格性を判断する」という試験の性格をふまえ、問題文を変換していきます。例えば、「職場のコミュニケーションと係長の役割」ならば、「職場のコミュニケーションを活性化するために、係長の役割は何か、あなたの考えを述べなさい」といった具合です。これにより、問題の趣旨をより明確にします。

　第2に、課題を分析して、自分の意見をつくることです。論文は意見を述べることが目的です。「安全安心のまちづくり」「効率的な行政運営」など、問題は多岐にわたりますが、その際にどのように課題に切り込み、どう自分の意見をつくるか、ということが2番目になります。

　第3に、理論構築です。第2でつくった自分の意見が正しいことを、論理的に説明する必要があります。そのためには、いくつかある論理の法則を用いて、自分の主張を理論構築します。理由もなく、「自分は○○と考えます」では、論文にはなりません。「○○というデータがあることから、△△が重要と考える」と因果関係を明確にするなどの理論構築を行うのです。

▶▶ 論旨作成→レジュメ作成→文章化

　第4に、論旨をつくることです。3段落構成であれば序章・本論・終章、4段落であれば序章・問題点・解決策・終章という論文全体の骨格（論旨）をつくるのです。意見の1つに矛盾がなかったとしても、各段落や論文全体

を見て矛盾があるようでは、やはり論文とは言えません。

　第5に、レジュメをつくります。これは、今まで行ってきた作業を簡単な言葉でまとめるのです。これにより、論文全体の構成を確認します。

　最後に第6として、文章にします。論旨やレジュメがきちんとできていれば、もう悩むことはありません。必要最小限の修飾語を加えて、締まった論文が出来上がります。

　昇任試験論文は、以上のような流れで作成していきます。

昇任試験論文は、6つのステップでつくる

▼

1　問題文の変換

▼

2　課題を分析して、自分の意見をつくる

▼

3　理論構築

▼

4　論旨（論文の骨格）をつくる

▼

5　レジュメ作成

▼

6　文章にする

短文&つっこみで考える

▶▶ 短文で考える

　さて、次項から6ステップを詳しく解説していきますが、その前に、論文を作成するにあたって、すべてのステップを通じて、皆さんに習慣づけてほしいことが2点あります。

　1つは短文で考えること、もう1つは自分につっこみを入れることです。

　まず、短文で考えるというのは、論文の構成を練る際に、主語と述語だけの「○○は××だ」というシンプルな文章で考えることです。できるだけ修飾語を排除して、論文の骨格となる論旨を明確にします。

　多くの修飾語を加えたり、「○○の場合は」などの条件付けをしたり、長い文章で論文の構成を考えるのは無理があります。一文が長いと、次第に論旨は不明確となり、結局何が言いたい論文なのか、わからなくなってしまうからです。

▶▶ つっこみを入れる

　もう1点は、その短文に自分でつっこみを入れるということです。

　例えば、「防災・危機管理」という課題に対して「住民への意識啓発が重要だ」と考えたとします。そのときに、すかさず「なぜ重要なのか?」「どうやって啓発するのか?」と、自分で自分につっこみをいれる習慣を身につけてほしいのです。

　この単純な「なぜ」「どうして」「どうやって」などを短文につっこむことによって、次に「なぜなら~」「広報誌を作成し啓発を図る」など、その理由や5W1H（いつ、誰が、どこで、何を、なぜ、どのように）を考える癖がつき、論旨が明確となるからです。もし、このつっこみに対してきちんと

説明できないようであれば、論理的ではないということになります。

　先の例で言えば、①「住民の防災・危機管理意識を高める」→「なぜ？」→「住民1人ひとりの意識が高まれば、災害に対応する力が高まり、被害が減少する」、②「住民の防災・危機管理意識を高める」→「どうやって？」→「広報誌を作成する」→「どのくらい？」……などのように、1つの考えがより具体的になり、また理論構築され、論理的な文章となります。

　この「短文で考える」「つっこみを入れる」は、6ステップで論文を作成する際の基本です。必ずこの考え方を忘れないようにしてください。

```
┌──────────────────────────────────────┐
│        「○○は××だ」のような           │
│         短い文章で考える                │
│   〈例〉「住民への意識啓発が重要だ」      │
└──────────────────────────────────────┘
                    ▼
┌──────────────────────────────────────┐
│        シンプルに考える癖がつく          │
└──────────────────────────────────────┘
                    ▼
┌──────────────────────────────────────┐
│        「○○は××だ」に対し、            │
│         つっこみを入れる                 │
│       〈例〉防災・危機管理対策           │
│   ┌──────────────────────┐            │
│   │   住民への意識を啓発する   │            │
│   └──────────────────────┘            │
│           ▼    ←  どうやって？          │
│   ┌──────────────────────┐            │
│   │   広報誌を作成・配布する   │            │
│   └──────────────────────┘            │
│           ▼    ←  どのくらい？          │
│   ┌──────────────────────┐            │
│   │    全世帯に1部ずつ       │            │
│   └──────────────────────┘            │
│           ▼    ←  どうやって？          │
│   ┌──────────────────────┐            │
│   │   自治会・町会を通じて配布  │            │
│   └──────────────────────┘            │
└──────────────────────────────────────┘
```

昇任後の視点で考える

▶▶ 昇任後のポストの立場で書く

　論文の作成手順の1番目は、問題文の変換です。これは、与えられた問題文を、より解答しやすくするため、またはイメージを膨らませるために形を変えるということです。

　この変換は、出題された問題文に「あなたが係長（または主任、管理職）として、何をするか（何が重要と考えるか）」という文言を付け加えることによって完成します。

　例えば、「効率的な職場運営について」という問題文があったとします。この一見無味乾燥な課題は、受験者としてはとっつきづらい印象があります。このため、学者のような組織論や、評論家のような間違った論文を書いてしまう受験者がいます。

　しかし、これまで述べてきたように、論文では昇任後のポストの適格性を判断しますので、そのような学説や批判を聞きたいわけではありません。

　先のような課題の場合、「効率的な職場運営を行うために、あなたは係長（または主任、管理職）として何をしますか（何が重要と考えるのか）」という形に変換するのです。これにより、評論家ではなく当事者意識を持った問題文に変身し、答案のイメージも膨らみます。

▶▶ ポストの違いに着目する

　ここで、注意してほしい点があります。

　それは、同じ課題であっても、当然のことながら、昇任試験の種類によって、答案の内容は異なるということです。

　例えば、先の「効率的な職場運営について」ならば、係長試験であれば係

長としてすること、管理職試験であれば管理職として何をするのか、という視点で答案を作成する必要があります。

　係長試験であるにもかかわらず、「係員1人ひとりに対して、目標管理型の人事管理を徹底する。年度当初と年度末の面接を義務付け、成果主義を徹底する。必要に応じて、職員団体とも人事評価について協議する」などと書いてしまっては、係長の職責を超えてしまいます。反対に、管理職試験なのに書いてある内容が係長レベルでも困ります。あくまで、職責として何をするのか、何ができるのか、という点については十分注意してください。

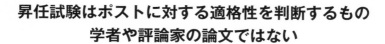

問題文の変換①
昇任後の視点で考える

↓

昇任試験はポストに対する適格性を判断するもの
学者や評論家の論文ではない

↓

係長（管理職）として何をするのか、を書く

↓

係長、管理職のそれぞれの職責は何か、
十分に理解することが大事

並列型の出題

▶▶「○○と△△」

　問題文によっては、「○○と△△」というように、2つのキーワードを並列している場合があります。例えば、「地域活性化と観光」や「地方分権と市政」などのパターンです。

　こうした問題文の場合は、どちらについて記述していけばよいか、迷ってしまう受験者も多いと思います。

　並列型の問題文は、基本的に内容の小さい方をメインにして変換します。

　例えば、先の「地域活性化と観光」ならば、「地域を活性化するために、どのような観光施策を実施すべきか、あなたの考えを述べなさい」などのように変換できます。

　また、「地方分権と市政」ならば、「地方分権が進展する中で、今後市政はどのようにあるべきか、あなたの考えを述べなさい」となります。

　この場合、出題者が知りたいのは、全国的な地方分権の動向についてではありません。地方分権の背景の中でどのような市政を行っていくべきか、について記述すればよいのです。

　この際にも、「係長（管理職）として、何をするか（何が重要と考えるか）」という視点を加えることは同様です。

▶▶ 内容の大小がわかりづらい場合

　なお、どうしても内容の大小を判別しづらい場合もあります。「地方分権と市町村合併」などのような課題です。こうした場合は、先のように無理に1つに絞る必要はありません。論文の中では、2つのテーマに言及しながら、書きやすい視点で記述すればよいのです。

どちらかのテーマだけに絞って記述してしまうと、かえって、与えられた課題について記述していないことになりますので注意が必要です。

「あくまで与えられた課題について答えています」という姿勢をアピールするためにも、２つのテーマについて言及します。

　また、それぞれのテーマについて、同じ分量を記述するという必要もありません。自分が書きやすい方を多めに記述してもかまいません。

問題文の変換②
並列型の出題

▼

〈例〉地域活性化と観光

内容の小さい方をメインにして変換する

地域を活性化するために、どのような観光施策を実施すべきか、あなたの考えを述べなさい

▼

〈例〉地方分権と市町村合併

内容の大小を判別しづらいときは、２つの
テーマに言及しながら書きやすい視点で書く

否定して考える

▶▶ 否定すれば、あるべき姿が見えてくる

　問題文の変換が終わったら、課題を分析し、自分の意見をつくる作業に入っていきます。

　変換した問題文が、「安全安心なまちづくりのために何をしたらよいか、管理職としてあなたの考えを述べなさい」だとします。

　こうした理想やあるべき姿を問うような問題文の場合は、問題文を否定して考えるとアイデアが浮かんできます。人間はおかしなもので、否定してみると、かえってアイデアが浮かびやすい、という一面があるのです。

　この例では「安全安心が得られないまち」を想定します。
「安全安心ではないまち」となれば、例えば以下のような状況を思い浮かべられるはずです。

　○防災対策が十分ではない

　○道路や橋などインフラが整備されていない

　○福祉分野の施策が不十分

　○食品衛生がきちんと管理されていない

　○公共施設に段差が多く高齢者が使いにくい

　そして、いくつか出てきた意見から、自分の意見を3つにまとめます。3つのまとめ方は、これまで述べてきたように、なるべく幅広い視点が望ましいでしょう。似通った視点では、論文の内容が浅くなってしまいます。

　なお、この問題文の否定が有効なのは、先に述べたように、理想やあるべき姿を問うような問題文の場合です。
「人口減少社会について、あなたの考えを述べなさい」のようなケースでは使用できませんので、注意が必要です。こうした問題文は否定しても意味がありません。

▶▶ 短文とつっこみで考える

いくつかのアイデアが浮かんできたら、今度はそれを深めていきます。前項で示した「短文で考える」＆「つっこみを入れる」で考えるのです。「バリアフリーのまちづくりを進める」→「どうやって？」→「市内公共施設の整備を行う」→「どこの公共施設を？」→「子どもや高齢者が使う施設を中心に行う」……などのように、内容を深化させていくのです。

これにより、非常に具体的で説得力のある意見となっていきます。

「否定して考える」とは？

⬇

理想やあるべき姿を問う問題では、 問題文を否定して考えるとアイデアが浮かぶ

⬇

〈例〉安全安心なまちづくりのために何をすべきか、管理職として 　　　あなたの考えを述べなさい ▼ では、安全安心ではないまちとは？ ○防災対策が十分ではない ○施設に段差が多い

⬇

では、何をすべきか？ ⇒　バリアフリー化を進める、など

すると、どうなる?

▶▶ 問題文を発展させて考える

　次に、今後の行政課題を問うような問題が出た場合です。

　例えば、変換した問題文が、「少子高齢社会に対して今後どのように対応していくべきか、管理職としてあなたの考えを述べなさい」だったとします。こうしたケースでは、「……すると、どうなる?」「……では、どうする?」といった言葉でつっこみを入れながら、意見をつくっていくのです。これは、いわゆる「風が吹けば桶屋が儲かる」のような考え方です。

　先の例なら、①「子どもは少なく高齢者が多い」→「……すると?」→「労働者数が減少」→「……どうなる?」→「これまでの生産力は維持できない」→「では、どうする?」→「高齢者の就労も必要」、②……「これまでの生産力は維持できない」→「では、どうする?」→「少ない労働力で高い生産性を上げる必要がある」→「では、どうする?」→「より住民ニーズを的確に反映した行政運営の実現が必要」→「どのように?」……という具合です。

▶▶ 論理的飛躍に注意する

　この「……すると、どうなる?」の視点では、2点大事なことがあります。

　1つは、つっこみの前後の関係に論理的な飛躍や非現実的な内容がないことです。例えば、「子どもは少なく高齢者が多い」→「では、どうする?」→「子どもをたくさんつくる社会づくりを行う」→「どのように?」→「一夫多妻制にする」などのようにです。確かに、一夫多妻制も選択肢の1つかもしれませんが、現実的とは言えません。しかし、移民の受入れなどは真剣に議論されていますから、何が非現実的かは難しいところです。

　もう1つは、あまり特異な視点で捉えないようにすることです。例えば、「子

どもが少なくなる」→「……すると？」→「学校の統廃合が進む」→「……
すると」→「教員が余剰となる」→「では、どうする？」→「教員の再就職
先の確保が必要」というような考え方です。確かに、そうした視点もあるか
もしれませんが、「少子高齢化」への対応が「教員の再就職先の確保」では、
意見としては不適当です。

　前項の「問題文を否定する」も「……すると、どうなる？」も出た結論が
必ずしも当初の問題文にきちんと対応していなかったり、的外れになってし
まう場合もあります。このため、どちらの場合も検証することが必要です。

「すると、どうなる？」で問題を掘り下げる

▼

今後の行政課題を問うような問題文に有効

▼

〈例〉少子高齢社会に対して今後どのような施策を実施していくべきか、
　　　管理職としてあなたの考えを述べなさい

子供は少なく高齢者が多い
▼　←　すると？
労働者数が減少
▼　←　すると？
これまでの生産力は維持できない
▼　←　では、どうする？
高齢者の就労も必要

知識を使う方法など

▶▶ 知識を使って分析する

　さて、課題を分析して意見をつくる方法として、「問題文の否定」と「すると、どうなる？」の２つを紹介しました。この他にも、いくつかの方法をご紹介したいと思います。

　１つは、知識を使う方法です。これは、その課題が時事問題に近いような場合に有効です。例えば、働き方改革に伴い、多くの自治体で求められているワーク・ライフ・バランスに関して出題されたとします。

　この場合も、「否定して考える」で課題を分析し、自分の意見をつくることもできますが、こうした時事的な問題の場合は、新聞報道や専門誌などにその視点がまとめられていることがよくあります。

　例えば、ワーク・ライフ・バランスならば超過勤務の縮減、テレワーク、業務のICT化など、注目されたトピックスが整理されています。こうしたものを使えば、論文に活用することができます。

　ただし、繰り返しになりますが、知識だけを覚えれば論文が書けるというわけではありません。決して知識偏重にならないように注意することが重要です。

▶▶ 特定の視点で考える

　もう１つは、課題に対し特定の視点から考えることです。これは、どのような課題でもよいのですが、視点をあらかじめ決めてしまうのです。

　例えば、①住民、②行政、③国際の３つの視点などが挙げられます。

　つまり、課題が「少子高齢化」ならば、住民から見てどのような問題点があるか、行政からはどうか、国際的にはどうかなど、思考をパターン化して

しまうのです。

　このように立場を変えて課題を捉えると、課題を分析しやすくなり、自分の意見もつくりやすくなります。

　この他にも、「信頼される行政サービスのあり方」などの行政課題ならば、①制度、②組織、③自治体職員の立場から考えるなどのパターンもあります。

　この特定の視点については、絶対これでなければならない、という正解はありません。いろいろな課題で練習していくなかで、自分なりのパターンを見つけてください。

```
┌─────────────────────────────────────────┐
│                                         │
│   「否定して考える」「すると、どうなる？」        │
│            以外の方法                     │
│                                         │
└─────────────────────────────────────────┘
                    ↓
┌─────────────────────────────────────────┐
│                                         │
│   1　知識を使う方法                        │
│                                         │
│      ワーク・ライフ・バランスであれば、          │
│      働き方改革を契機にまとめられた文章などを活用する │
│                                         │
│                                         │
│   2　特定の視点を使う方法                    │
│                                         │
│      1つのテーマに対して、制度・組織・自治体職員など、 │
│      あらかじめ特定の視点を決めておく            │
│                                         │
└─────────────────────────────────────────┘
```

理由・根拠の明示

▶▶ 客観的データ

　課題を分析し、ある程度自分の意見が固まり、何かを主張しようとする場合、それが正しい意見や主張であることを説明する必要があります。それが理論構築です。その方法にはいくつかの手法がありますが、ここでは、まず理由・根拠の明示について説明します。

　これはある意見・主張に対し、その理由・根拠を明示するものです。「そんなの当たり前じゃないの？」と思うかもしれませんが、理由なく「私は○○と考えます」という論文は非常に多いのです。

　例えば「A市民は行政サービスに満足していない。市はサービスについて見直す必要がある」という主張をしたとします。その場合、「A市民は市の行政サービスに満足していない」ということの理由を明示する必要があります（さもないと、採点者は「何でそう言えるの？」と疑問に思い、論文に不信感を持つことになります）。この理由の明示はいくつかのパターンがあります。

　第1に、客観的データを使う方法です。「市民を対象にした窓口調査の結果によると、65％の市民が『窓口対応に不満を感じた』と回答している」などの数値を用いるのです。これは、客観的なデータですので、説得力があります。ただし、この場合は当然信頼できるデータを用いることが大事です。

▶▶ 専門家などの判断や意見

　第2に、専門家や権威ある機関の判断やコメントを引用することです。「○○大学△△教授は、『A市の窓口サービスはワンストップサービスを導入しているB市に比べ時間がかかる』と発表した」などの例です。こうした専門

家等の意見や新聞報道なども自分の主張を裏付けるために有効です。

　第3に、事例の活用です。これは客観性の視点からいくとやや弱いのですが、理由・根拠としても活用することができます。「市のＨＰには、市民の行政サービスに対する不満の声が依然として掲載されている」「先日、ある高齢者が窓口職員と言い争っているのを見た」などの個人的体験も理由や根拠になります。

　以上、いくつかのパターンを説明しましたが、何かを主張するならば、必ず理由を明示することを忘れないでください。こうした点からも「短文＆つっこみ」は必要なのです。

自分の主張・意見が正しいことを証明するために、理由・根拠を明示する

1　客観的データ

信頼できるアンケートや調査結果などの具体的な
数字、事実

2　専門家等の意見

研究者・専門家などの判断や研究発表、判例など

3　事例の活用

１、２がないときは個人的な体験などを使う

演繹法

▶▶ 観察して一般論から結論を導き出す

　理論構築の第2の方法として、「観察して一般論から結論を出す方法」を説明します。これは通常、「演繹法」や「三段論法」、または「既知情報＋新情報＝結論」などとも呼ばれます。呼び方は各自がしっくりくるもので覚えてもらえば結構です。名前よりも、その方法をしっかり覚えてください。

　例を挙げてみましょう。「人間は必ず死ぬ」（一般論・ルール）に「孔子は人間だ」（観察）を加えます。これにより「孔子は必ず死ぬ」という結論を導き出します。つまり、一般のルールに自分の見た観察事項を当てはめて、そこから結論を導こうとするものです。

　実際の論文では、次のように用います。「行政は住民の信頼に応える必要がある」（一般論・ルール）に「住民から市の情報公開制度はわかりにくいとの声が上がっている」（観察）を加え、「市は情報公開制度について見直す必要がある」という結論を出します。

　ここでのポイントは、「市は情報公開制度について見直す必要がある」と単にその一文で済まさずに、「行政は住民の信頼に応える必要がある」（一般論・ルール）と「住民から市の情報公開制度はわかりにくいとの声が上がっている」（観察）の2つの文章を使って説明していることにあります。

　これにより、「市は情報公開制度について見直す必要がある」ことを論理的に説明できるのです。

▶▶ 検証を忘れない

　ただし、この方法も万能とは言えません。理論構築した後には、必ず検証しなければなりません。

例えば、「市は効率的な行政運営に努めなければならない」（一般論・ルール）に「国民健康保険における保険給付費の負担が増大している」（観察）を加え、「市民が受診抑制をするように市は努める必要がある」ではおかしな結論になってしまいます。

　このように、演繹法ではスムーズな流れのように見えても、よく考えてみると正しい結論が導かれていないこともよくあります。理論構築した後に常識的に間違っていないか確認・検証することを忘れないようにしてください。

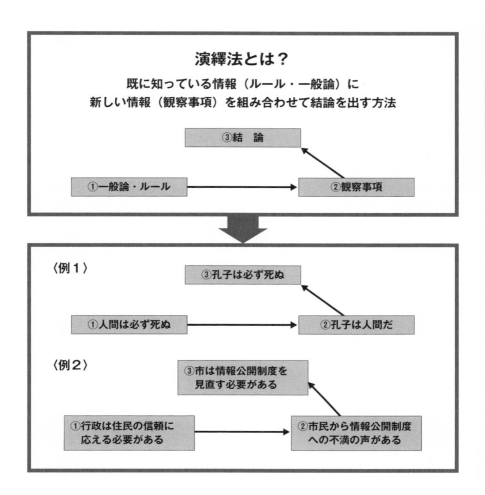

帰納法

▶▶ 複数の事象からルールを導く

　次に、帰納法と呼ばれる方法について説明します。これは、観察される複数の事象の共通点から、結論を導き出す方法です。

　一般的には、次のような例で説明されます。

○山田さんの家の猫はねずみを追いかける

○佐藤さんの家の猫はねずみを追いかける

○大久保さんの家の猫はねずみを追いかける

→以上から、「すべての猫はねずみを追いかける」ということができます。

　このように、観察した事象を積み重ね、一般的・普遍的なルールを見出します。それはあくまで推論であり、ねずみを追いかけない猫もいるかもしれませんが、複数の事象から導かれた、論理的に正しい推論になります。

　実際の論文で使用する場合には、次のような構成が考えられます。

○高齢者アンケートによると、75％が公共施設で転びそうになったことがあると回答している

○障害者団体から市道で不安を感じる場所があるとの指摘が出ている

○市長へのはがきは安全安心に関する分野が最も多い

→これらをふまえ、「市はバリアフリー対策を講じる必要がある」という結論を見出すことができます。

▶▶ 事例から考えるか、結論から考えるか

　この帰納法は、多くの事象に着目して、「そこから何が言えるのか」という視点に立っています。1つひとつの事例を積み重ねることによって、何かしらの共通項を見出そうとするからです。

昇任試験論文に活用する際は、提示された課題に関して、どのような事象（報道や意見、世論など）があるかに着目し、そこから何かルールを見出すことができるか、ということです。反対に、ある結論や意見が先に決まっている場合は、その結論や意見を成立させるために、どのような事象（理由）を並べることができるか、ということにつながります。

　これは、先に説明した「理論構築①　理由・根拠の明示」と同様です。つまり、事例を集めてルールを導くならば帰納法、結論や意見を成立させるために、その事例（理由）を探すならば、理由・根拠の明示となります。

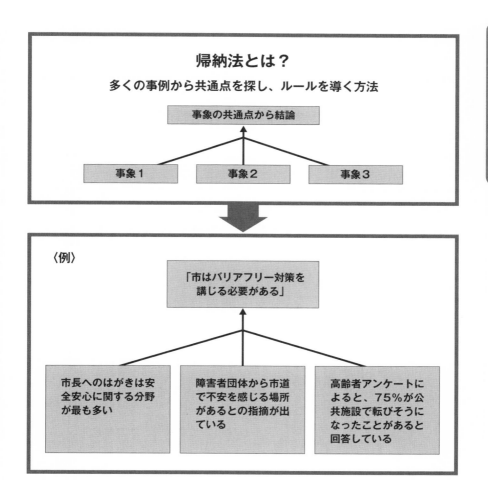

MECE

▶▶ 漏れなく、ダブりなく

　理論構築の4点目は、MECE（ミッシー）です。これは、Mutually Exclusive and Collectively Exhaustive の略であり、「相互に排他的な項目による完全な全体集合」を意味する言葉です。簡単に言うと、あるものを分類する際に、漏れ（不足）なくダブリ（重複）なく分けることです。

　これはゲームをイメージしてもらうとわかりやすいかもしれません。ロールプレイで、ある場面に来たとき、それまでの経験値が500点未満であればシナリオAに進み、500点以上1,000点未満であればシナリオBに進み、それ以外の1,000点以上であればシナリオCに進むというような分類です。

　この分類であれば、経験値により進むシナリオは決定し、シナリオAにもBにも行けるというプレーヤーは存在せず、またA、B、Cのいずれにも進めないというプレーヤーも存在しません。A＋B＋Cがすべて（完全）で、つまり漏れがなく、ダブリもない状態といえます。

▶▶ 全体を区分する

　では、これを実際の論文で使用する場合を考えてみましょう。

　例えば、「全職員に対し、接遇の意識を向上させる」という主張をしたとします。その際、「管理職に対しては、部長会・課長会の中で周知を図る」「係長級には、係での接遇目標を設定させる」「主任級には、○○研修を受講させる」「その他の職員には、××研修を行う」といった具合に、職員を分類して解決策を記述すると、具体的で説得力が高まります。

　しかし、この場合、管理職＋係長級＋主任級＋その他の職員という区分で、職員全体がカバーできているので問題ありませんが、もし次長級というポス

トがある場合には、漏れがあるため、「全職員に対して」とはなりません。また、途中で「事務系職員は……」といった違う分類を出してしまうと、「ダブリ」が生じ、採点者は「？」となってしまいます。

　実際の論文で、このMECEを使用することは、あまりないかもしれません。しかし、ある解決策を記述する際に、この「漏れなく、ダブリなく」という視点を意識することは大切です。特に「すべての住民に○○を行う」など、何かしら全体を意味する表現を行い、それを区分する記述を行う場合は、漏れなくダブリがないことに注意してください。

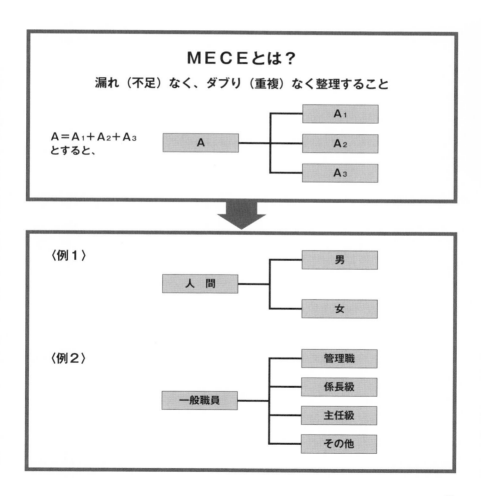

ロジックツリー

▶▶ 論理の木

　理論構築の5番目は、ロジックツリーです。その名のとおり、ロジック（論理）のツリー（木）を意味します。あるテーマについて掘り下げたり、原因を探ったりするために、階層のツリー状にして考える方法です。

　一般的な例として、貯金を増やすという目標を掲げた場合、その下に①「月々の支出を減らす」、②「収入を増やす」の2つの方法に区分します（ここはMECEではないため、その他の方法は取り上げません）。この①「月々の支出を減らす」の下には、さらに「食費を制限する」「お小遣いを減らす」の2つに分類され、食費の制限はさらに「昼飯を制限する」「酒代を制限する」「朝食を食べない」の3つに区分できます（他の分類方法も考えられます）。

　このように、ある1つの目的はいくつかの手段に分類され、次にはその1つの手段が目的となって、さらにいくつかの手段に分類されます。

　こうして目的と手段の関係が、より深まっていくことでロジックツリーを作り上げます。当初は、抽象的であった目的が、分類されることによって、より具体的な手段として構成されていくのです。

▶▶ 具体的な記述方法

　では、論文での具体的な記述方法について説明します。例えば、住民の防災意識を高めるという目標を掲げた場合、その下には①「防災の講演会を実施する」、②「各地域で防災訓練を行う」、③「啓発グッズを公共施設に展示する」などの分類（方法）が考えられます。

　次に、①「防災の講演会を実施する」の下には「小中学生向けの体験型講演会を実施する」「防災週間に市民ホールで行う」などの方法があり、さら

にその下には、その具体的方法について明記することができます。このように、論文の中で「○○を実施する」というような主張・意見を表明した場合、それを裏付けるための具体的内容を記述していくことで、論文がより具体的で明確なものとなります。答案では、単に「住民への防災啓発を行う」だけでなく、「住民の防災啓発を行うため、防災の講演会を実施する、各地域で防災訓練を行う、啓発グッズの展示の３点が重要と考える。まず、防災講演会については、小中学生向けの体験型の訓練で興味を持たせるとともに、防災週間に……」などと記述するのです。

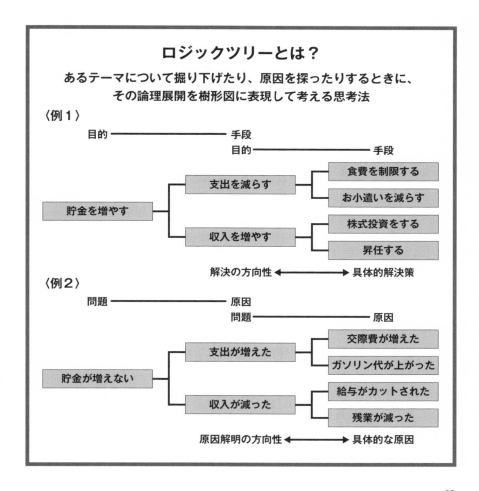

序章

▶▶ 序章の役割

　さて、理論構築の方法を紹介しましたが、ここからは論旨（論文の骨格）をつくる作業に入ります。つまり、論文の大まかな流れをつくるのです。ここでは、まだ実際の文章ではなく、「○○は××だ」程度の短文で考えます。この短文の集積が論旨であり、後にレジュメにまとめられるものです。

　先ほどは、いかに論理的な文章にするか、という点に着目してきましたが、ここからは各章（3段落構成であれば序章・本論・終章、4段落であれば序章・問題点・解決策・終章）に着目して説明していきます。

　まず序章ですが、序章の役割は「与えられた課題が重要であることを説明すること」にあります。少し変な言い方ですが、例えば「防災対策」であれば、「よい課題を与えていただきました。現在の行政にとって、防災対策は喫緊の課題です！」というようなニュアンスを伝えることにあります。

▶▶ 序章の書き方

　では、その具体的な記述方法の一例をご紹介します。なお、この項以降、わかりやすいように答案例を示しますが、すでに述べたとおり、論旨をつくる際には、全文を書くのでなく「○○は××だ」の短文でまとめていきます。

　序章はまず、なるべく新しい地方自治や市政をめぐる状況について言及し、時事について認識を持っていることを示します。次に、与えられた課題が社会や自治体に与える影響について触れ、「まさに○○が喫緊の課題となっている」のような文章で締め、課題の重要性について説明します。

　具体的には、次のような文章となります（課題「市民に信頼される行政運営」の例）。「本年2月、○○市長は所信表明を行い、○○年度の予算案につ

いて発表した。その中で、市の主要財源である住民税収入は回復基調にあるものの、依然厳しい財政状況であり、教育、防災、福祉、環境など、行政課題は山積しているとした」（以上、地方自治や市政をめぐる状況）。

「しかし、市政の主役は市民である。いかに、多くの行政課題が山積しようとも、市民から信頼される行政運営を行わなければ、主役である市民に満足を与えることはできない。今まさに市民から信頼される行政運営が重要な課題となっている」のようなものです。前段はいかなる課題でも同様の文章として、後段を課題に併せて調整し、重要性を指摘するのです。

序章の役割とは？

⬇

**与えられた課題が、行政にとって重要な
課題であることを記述すること**

⬇

〈序章の記述例〉

1 新しい地方自治や市政をめぐる状況に
ついて言及

2 課題が社会や自治体に与える影響に
ついて触れる

3 「まさに○○が喫緊の課題となっている」
などの文章で締め、課題の重要性について
言及する

本論

▶▶ 本論の役割

　次に、本論です。４段落構成の場合は、問題点と解決策に分かれますが、３段落構成の場合は、本論として２つをまとめて記述する、論文の中心部分となります。

　本論の役割は、これまでも述べてきたとおり、「係長（または管理職）として何をするか」を、幅広い視点から記述することにあります。

　これまで説明してきた「課題分析」により３点に集約し、それぞれについて「理論構築」しながら記述する、という作業になります。

▶▶ 本論の書き方

　本論の記述の一例を示します（課題「防災対策の推進」の例）。

「第１に、住民の防災意識を高めることが重要である。まず、町会や自治会などの地域の団体が定期的に防災訓練を実施するよう、行政としてサポートを行う。また、小中学生を対象に防災マップを作成する事業を行う。さらに、広くホームページを通じて防災に関する情報を提供する。これにより、住民の防災意識を高めていく」のような文章となります。

　ポイントは、最初に「住民の防災意識を高めること」と解決策の方針を打ち出したのちに、その具体的解決策を「まず〜」「また〜」「さらに〜」と記述していくことです。これは、ロジックツリーの項で説明した、目的と手段の関係です。具体的解決策を実施することにより、目的が達成されることとなるのです。

　もう１つ例を挙げてみましょう。

「第２に、災害に強いまちづくりを行うことである。県の発表によると、本

市の東部地区には建物倒壊危険度が高い地域となっている。また、防災対策に不安を抱えている市民も多い。しかし安全安心なまちづくりを実現するのは、行政の責務である。市は災害に強いまちづくりに取り組む必要がある」となります。

　これは、「演繹法」を用いた論理構成となっています。

　いずれにしても、論理的に記述することが重要ですので、その点を忘れないでください。

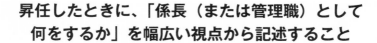

本論の役割とは？

⬇

昇任したときに、「係長（または管理職）として何をするか」を幅広い視点から記述すること

⬇

〈本論の記述例〉

　1　自分の意見を３点つくる

　2　それぞれの意見は、
　　　「解決策の方針＋具体的解決策」

問題点1

▶▶ 問題点の役割

　次に、4段落構成の第2章、問題点です。「論文の鉄則⑥　4段落構成」（46ページ）で説明したとおり、4段落構成の場合は、3段落構成の場合の本論部分を問題点と解決策の2つに分けます。概ね字数が1,500字以上の場合は4段落構成の方がよいでしょう。

　問題点の役割は、課題に対し、多角的な立場から問題点を3点指摘することです。「多角的な」とは、与えられた課題に対し、さまざまな視点から検討していることを示します。これにより、論文としての厚みが増し、説得力も高まることとなります。

▶▶ 3点の選び方・考え方

　先に「課題分析③　知識を使う方法など」でも説明しましたが、具体的にどのように3点を抽出したらよいかを説明します。「絶対にこの方法でなければならない」というものはないのですが、代表的な方法をご紹介します。

　第1に、知識を用いる方法です。

　これは、専門誌や市販の時事についてまとめた論文対策本を参照し、そのテーマについてどのような視点があるかを事前に勉強しておくことです。これは、論文の課題が時事問題である場合に有効です。

　第2に、特定の視点でまとめる方法です。

　例えば、住民、行政、その他の3視点が考えられます。これは、実際の行政課題（防災、環境、福祉など）などの出題に有効です。住民、行政、そして企業から見てどのような問題があるのか、あるいは国際的にはどのようなことが言えるのか、などです。

また、ハード・ソフト・その他の区分もあります。施設やインフラなどのハード面から、住民意識や施策などソフト面から、などの区分です。これは、例えば「今後のまちづくりについて述べなさい」などの課題に対して使うことができます。

　この他にも、制度・組織・職員などをはじめ、いくつかパターンは考えられます。ただし、注意してほしいのは、昇任試験論文は係長（管理職）としての適格性を判断するものです。課題に引きずられて、あまり専門的になりすぎないように注意してください。

問題点の役割とは？

↓

課題に対し、多角的な視点から
問題点を３点指摘すること

↓

〈３点の選び方・考え方〉

1　知識を用いる
　専門誌、時事対策本など

2　特定の視点から考える
　例１　住民、行政、その他
　例２　ハード、ソフト、その他
　例３　制度、組織、職員　など

問題点2

▶▶ 問題点として整理する

　3つの視点が抽出されたら、それぞれを問題点として整理します。

　例えば、「住民に信頼される行政運営」という課題（問題文）に対して、「職員の接遇が不十分である」という問題点を指摘するとします。では、なぜ不十分と言えるのか、その理由・根拠を提示する必要があります。実際にそういう場面を見た、市民アンケートの結果に出ている、などが挙げられます。「短文＆つっこみで考える」を用いて、「住民に信頼される行政運営の課題は何か」→「職員の接遇が不十分であること」→「それは○○と××という理由があるからだ」→「これでは、住民に信頼される行政運営とは言えない」のように整理します。

▶▶ 記述例

　では、具体的な記述の例です。「これまでも○○市は住民に信頼される行政運営に努めてきたが、依然次のような課題がある。第1に、職員の接遇が不十分な点である。先日、本市の窓口に来庁した際、職員が高齢者に対し通り一遍の説明で、困っている様子が見られた。また、市民アンケートでは、60％の市民が窓口対応に不満を持った経験があるとの結果がある。職員の接遇が不十分では、住民に信頼される行政を展開することはできない」のような文章です。

　この章はあくまで問題点を指摘することが目的ですので、最初の文章は「○○が不足している」「△△が不十分である」などの記述となります。

　また、この文章では「接遇が不十分な点」の理由をその後に説明しています。これは理論構築①の「理由・根拠の明示」となります。「○○が問題だ！」

と指摘するのですから、なぜそれが問題と言えるのかを、論理的に説明する必要があります。

　なお、最初の「これまでも○○市は住民に信頼される行政運営に努めてきたが、依然次のような課題がある」の一文は、単に行政批判をしているのではなく「これまでも頑張ってきたが、まだ課題が残っている」ことを表しています。

　自分が所属する自治体を直接批判しては、「この受験者は首長や組織への文句を書きたいのか？」と採点者も思ってしまいますから、注意が必要です。

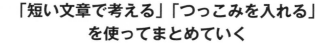

問題点を整理する

↓

**「短い文章で考える」「つっこみを入れる」
を使ってまとめていく**

↓

〈問題点の記述例〉

　1　問題点の主張

　2　理由・根拠の明示などの理論構築

解決策

▶▶ 解決策の役割

　次に解決策です。解決策は、問題点で指摘した内容を解決する文章となります。当然のことですが、問題点で「○○が問題だ！」と指摘しておきながら、その問題がきちんと解消できる内容が記載されていなければ、解決策とはいえないため、注意が必要です。

　そこで、４段落構成の答案の場合には、必ず問題点と解決策を対比させ、検証する必要があります。３点指摘する問題点に対応する形で、解決策も３点記述していきます。

▶▶ 記述例

　では、具体的な解決策の記述例です。課題等は、前項の問題点に対応する形となっています。

「住民に信頼される行政運営を展開するため、私は次の３点が重要と考える。第１に、職員の意識改革を徹底することである。まず、民間派遣研修などを実施し、顧客満足を学習するようにする。また、所属を超えて住民説明会などに出席する機会を設け、住民の声を直接聞くようにする。さらに、各職場で接遇のチェック表を貼り、職員に注意喚起を図る。これにより、職員が住民目線を持つようになり、接遇が改善される」というような文章です。

　ポイントは、３点です。

　第１に、問題点の「職員の接遇が不十分な点」に対し、「職員の意識改革を徹底すること」と記述している点です。以前にも書きましたが、「職員の接遇が不十分な点」に対し「職員の接遇を十分にすること」では、単なる文章の裏返しです。不十分と指摘しているのですから、十分にすることは当然

のことですから、そうした記述では論文となりません。

　第2に、「職員の意識改革を徹底すること」という解決策の方針の下に、「まず、また、さらに」と具体的解決策を3点提示している点です。繰り返しになりますが、これは「理論構築⑤　ロジックツリー」で説明した、目的と手段の関係です。この3点を実行することにより、当初の問題である「職員の接遇が不十分な点」が解消されることとなります。

　第3に、冒頭にも書きましたが、問題点で指摘したことは、解決策を実施することにより、必ずすべて解消していることが必要です。

解決策の役割とは？

⬇

問題点で指摘した内容を解決すること

⬇

〈解決策のポイント〉

1　問題点の裏返しにならないこと

2　解決策の方針＋具体的解決策

3　問題点で指摘したことが、すべて解消できる

終章

▶▶ 終章の役割

「論旨作成」の最後は、終章です。論文の締めの部分となります。終章では、これまでの方向性をふまえ、全体を総括していきます。

書き方には、いくつかのパターンがあります。

①「これまで課題に対しいろいろと述べてきましたが、新たにこのような見方もあります」と別な視点を提示する。

②「私はこのような内容を実施すべきだと書きましたが、仮にそれを実施したとしても、今後さらにこのような問題も想定されます」と今後について言及する。

③「私は与えられた課題に対し、係長（管理職）として積極的に取り組んでいきます」と決意表明をする。

なお、通常は①か②のどちらかを記述し、最後に③を短く記述するのが一般的です。③だけを長々と書いてしまうと、これまでの論文の流れからすると、少し逸脱した印象となってしまいます。

▶▶ 終章の注意点

終章の記述における注意点は、2点です。

第1に、序章で書いた内容を繰り返してしまうことです。こうした答案はとても多く見られます。序章で書いたことを、もう一度終章で記述しては、意味がありません。終章は、論文の締めとして序章とは異なる視点からの記述が必要です。

第2に、課題について言及していないことです。論文は、あくまで与えられた課題に対して答えなければなりません。せっかく、序章から本論（問題

点、解決策）まで課題に沿って記述してきたにもかかわらず、終章で課題に全く触れないのでは、意味がありません。終章に限らず、論文全体を通してあくまで与えられた課題について答えていることを示してください。

　答案例は以下のとおりです（課題「住民との協働」）。
「市民の市に対する要望は、ますます多様化・高度化し、複雑になっている。限られた財源で住民ニーズに的確に対応するためには、住民との協働は不可欠である。私は係長として、住民との協働に全力で取り組んでいきたい」

終章の役割とは？

↓

これまでの主張をふまえ、
全体（今後の方向性）を総括すること

↓

〈終章の注意点〉

1　序章と同じ内容を繰り返さない

2　あくまで課題について言及する

3　決意表明を添える

レジュメをつくる

▶▶ なぜレジュメを作成するのか

　これまで、①問題文の変換、②課題分析、③理論構築、④論旨作成、までの作業を行ってきました。ここまでくれば、各章で何を書くかは短文で出来上がっているはずです。そこで、原稿用紙に書き始める前に、その短文を並べてレジュメを作成し、全体を見渡してみます。

　この論文全体のレジュメを作成する理由は、各章がそれぞれ論理的であるかを検証すること、さらに論文全体を見て論理的に構成されているかを検証することにあります。

　これまで論文を作成するにあたり「短文で考える」と「つっこみを入れる」を繰り返すことによって、基本的には理論構築され、論理的な文章となっているはずです。

　しかしながら、論文全体を見渡すと、次のような間違いがみつかることがあります。

　○4段落構成なのに問題点と解決策がきちんと対応していない

　○問題点で指摘したことが解決策の中で解消されていない

　○序章と終章で同じことを書いていたり、または反対のことを言っている

　こうした間違いがないか、レジュメを作成することで論文全体を検証するのです。

　それぞれのパーツ1つひとつの完成度は高いはずですから、全体として、それぞれを組み合わせて変な形になっていないかを見直しましょう。

▶▶ 必要な修飾語と接続詞が見えてくる

　さて、このレジュメはすべて箇条書きで整理します。このようなレジュメ

で整理しておくと、文と文との間に必要な接続詞が明確に見えてきます（「短文＆つっこみ」を使用しているからです）。また、最低限必要な修飾語もわかってきます。なぜなら、短文なので、文章としてどうしても物足りなさ、不十分さを感じるからです。

　これらの言葉を盛り込み、論文を完成させますが、あくまで文章をつなげるために入れていきます。これまでのステップを踏んで論文を作成していれば、文字数が不足しているからといって無理やり不要な用語を付け足す必要はありません。

論文レジュメの様式（４段落の場合）

【課題】	
1．序章	
2．問題点	3．解決策
(1)	(1)
①	①
②	②
③	③
(2)	(2)
①	①
②	②
③	③
(3)	(3)
①	①
②	②
③	③
4．終章	

文章にする

▶▶ 論文完成

　いよいよ最後の工程、文章化です。レジュメが完成していれば、文章にすることはそれほど難しくないはずです。先に書いたように、文と文との接続詞や、必要最小限の修飾語を盛り込み、文章全体を完成させてください。

　今までの工程をふまえて論文を完成させれば、一文が長すぎる文章や、前後の関係が不明確な文章はないはずです。また、論文全体も論理的な構成になっていると思います。

　論文全体が長すぎてしまい、指定の文字数で超えてしまう場合には注意が必要です。レジュメを作成した段階で、ある程度予想がつくと思いますが、分量が多い場合は見直しをしなければなりません。

　また、論文はバランスが大切です。序章や終章の量が多く、論文のメインである本論の量が少ないのでは、いびつな構成になってしまいます。なお、本論の意見3点も同程度の分量であることが望ましいでしょう。極端にバランスを欠いている場合も、見直しが必要です。

　文字数は、できるだけ指定の上限ぎりぎりまで書くようにしてください。

▶▶ 文体や用語の使い方もチェックする

　論文を書くにあたっては、「論文の鉄則⑪　原稿用紙の使い方」(56ページ)で説明したルールに従って記述してください。誤字脱字にも注意し、自信のない字はひらがなや別の用語を用いて、減点を防ぎます。

　また、文章は「〜だ」「〜である」などの常体で記述し、「〜です」などの敬体は用いません。さらに、論文で使用する用語は通常の用語を用い、丁寧語や尊敬語は使用しません。

▶▶ 採点者を意識する

　最後に、採点者を意識することです。論文を採点するのは、多くの場合、その自治体の管理職です。行政の第一線で働き、忙しいなかで、多数の論文を採点しなければなりません。

　字は、たとえ下手であっても、丁寧に書くこと。乱暴に書き殴った論文は、それだけで採点者の心証を悪くします。あくまで「読んでいただく」という気持ちを持って、書くようにしてください。

文章にするポイント

1　レジュメの内容に、接続詞や修飾語を
　　盛り込む

2　全体のバランスに注意する

3　文字数の上限ぎりぎりまで書く

4　原稿用紙の使い方に注意する

5　「〜だ」「〜である」の常体で書く

6　字は下手でも丁寧に

行政課題への対応（主任）

▶▶ 問題例

　「論文の書き方」の最後に、出題テーマ別の対応について解説します。昇任試験論文は、大きく「行政課題」と「職場課題」の2つに分類できます。そして「行政課題」は、①住民・地域に関するもの（「住民との円滑なコミュニケーションの確立」、「住民に信頼される市政運営」など）、②行財政運営に関するもの（「効率的な行政運営」や「今後の行政運営のあり方」など）、③個別の行政課題の3つに分類できます。ただし、③は難易度が高いこともあり、主任試験では、あまり出題されることはありません。

▶▶ 解決策

　では、次に解決策の内容について解説します。

　まず、「住民・地域に関するもの」では、いかに住民との円滑なコミュニケーションを確立するか、どのようにして住民ニーズを的確に把握して市政に反映していくかが大事になります。そのため、具体的な解決策としては、①窓口における傾聴など、職員の接遇の向上、②市民からのメールやはがきなど、広聴の充実、③各種審議会や住民説明会など、住民と接する機会への積極的参加、④住民意識調査等の活用による住民ニーズの的確な把握、⑤住民ニーズの事業への反映、などの内容が想定できます。

　次に、「行財政運営に関するもの」ですが、ここで注意すべき点としては、あくまで主任論文として出題されていることです。行財政運営に関する問題とはいえ、解決策の内容が管理職でなければ実施できないことだったり、まるで外部の専門家が述べているような内容だったりする受験者がいます。しかし、これでは評論家のようになってしまうので注意が必要です。

解決策の内容としては、組織としていかに高い成果を残すかがポイントになります。そのため、①共有フォルダ活用などによる情報の共有化、②職員間の連携体制の促進、③組織における円滑なコミュニケーションの確立、④「見える化」などによる進捗管理、⑤自己啓発などが想定できます。

行政課題のパターン（主任）

1　住民・地域に関するもの
例　「住民との円滑なコミュニケーションの確立」
〈解決策〉
　　①職員の接遇の向上
　　②広聴の充実
　　③住民と接する機会への積極的参加

2　行財政運営に関するもの
例　「効率的な行政運営」
〈解決策〉
　　①情報の共有化
　　②職員間の連携体制の促進
　　③円滑なコミュニケーションの確立

3　個別の行政課題
例　「少子高齢化対策について」

職場課題への対応（主任）

▶▶ 問題例

　主任の職場課題は、2つに分類できます。

　1つは、「個人の行動に関するもの」で、問題例としては「中堅職員の役割」のように、直接、主任の役割を問うことも少なくありません。また、「職場における主任の役割」、「市政における主任のあり方」のように、表現を変えて出題されることもありますが、基本的には主任の役割を問うものです。

　もう1つは、「組織の運営に関するもの」で、問題例としては「職場における円滑なコミュニケーションの確立」、「簡素で効果的な組織運営」のようなものがあります。前項で示した行政課題と類似した部分もありますが、これは行政運営として考えるか、組織運営として考えるかの違いですので、両者はとても類似しているのです。

▶▶ 解決策

　次に解決策の内容ですが、まず主任の役割です。

　主任の役割としては、①係長と一般職員のパイプ役、②係長など上司の補佐、③後輩職員への指導、④実務での中心的役割を担う、などが一般的です。実際の出題がストレートに「主任の役割」であれば、こうしたものの中から選択して、解決策を記述していけば問題ありません。

　しかし、「組織の運営に関するもの」の出題の場合は注意が必要です。

　例えば、「職場における円滑なコミュニケーションの確立」のようなテーマの場合、「毎週、係会を実施する」のような解決策を書いてしまう人がいるので、注意が必要です。なぜなら、「係会の実施」を決定するのは、あくまで係長です。このため、主任論文では「係会の実施を係長に提案する」の

ような表現になります。このように、係長の権限を侵すような表現をしてしまうと、採点者は「主任の立場をわかっていない」と減点してしまうことになるので、注意が必要です。

　また、「職場における円滑なコミュニケーションの確立」のようなテーマであっても、主任の役割を十分踏まえることが重要です。例えば、①挨拶など積極的な声掛け、②後輩職員が質問しやすい環境づくり、③係長との緊密な連携による進捗管理、のように、主任の役割を踏まえた解決策を提示することが求められます。なお、「組織の運営に関するもの」の解決策としては、上記の他に、組織目標の徹底、報連相の徹底なども想定されます。

職場課題のパターン（主任）

1　個人の行動に関するもの

例　「主任の役割」

〈解決策〉

　①係長と一般職員のパイプ役

　②上司の補佐

　③後輩職員への指導

2　組織の運営に関するもの

例　「円滑なコミュニケーションの確立」

〈解決策〉

　①積極的な声掛け

　②後輩職員が質問しやすい環境づくり

　③係長との緊密な連携による進捗管理

行政課題への対応（係長）

▶▶ 問題例

　係長試験における「行政課題」も、主任試験と同様に、①住民・地域に関するもの（「住民との協働」、「地域と共に行うまちづくり」など）、②行財政運営に関するもの（「簡素で効果的な行政運営」や「今後の市政運営について」など）、③個別の行政課題、の３つに分類できます。

　なお、主任試験と異なり、係長試験では「観光の活性化について」のような③の個別の行政課題を出題されることもありますので、過去の出題傾向を確認しておいた方がよいでしょう。

▶▶ 解決策

　次に解決策の内容ですが、まず、「住民・地域に関するもの」です。具体的な解決策としては、主任試験の行政課題で示したものも活用することができますが、主任とは違う監督職である係長としては、①部下への指導、②仕組みやルールの導入にも注意が必要です。

　例えば、「住民との協働」であれば、協働を実現するために、どのように部下に指導するかも解決策の１つになります。「係会で、住民との協働のあり方について検討する」のように、部下へ協働の意識付けを行うことも、解決策として考えられます。

　また、「住民が自由に意見を言える『ご意見箱』を窓口に設置する」のように、何かしらの仕組みやルールを導入することも、係長論文の解決策になります。

　次に、「行財政運営に関するもの」ですが、係長論文では、基本的な行財政運営に関する仕組みは知っていることが前提です。このため、基本構想な

ど総合計画の体系、予算額や税収の推移などの財政状況、行政評価、広報・広聴、情報システムなど、自治体の基本的な仕組みについては確認しておきましょう。

　それらの仕組みを踏まえた上で、解決策の内容を提示することが必要です。具体的には、やはり主任試験で示した解決策の他、先の①部下への指導、②仕組みやルールの導入も活用できます。

行政課題のパターン（係長）

1　住民・地域に関するもの

例　「住民との協働」

〈解決策〉

　①事業について住民との協働方法の検討

　②窓口に『ご意見箱』を設置

　③部下への指導

2　行財政運営に関するもの

例　「簡素で効果的な行政運営」

〈解決策〉

　①住民ニーズの把握と事業への反映

　②効率的な業務執行体制の確立

　③部下への指導

3　個別の行政課題

例　「観光の活性化について」

職場課題への対応（係長）

▶▶ 問題例

　係長試験の「職場課題」も、主任試験と同様に、２つに分類できます。

　１つは「個人の行動に関するもの」で、問題例としては、「係長の役割」以外に、「災害時における係長の役割」などがあります。

　もう１つは、「組織の運営に関するもの」で、問題例としては「部下への指導方法」、「効率的・効果的な係運営」のようなものがあります。この場合、係長として、「どのように部下を指導するのか」、「いかに係を運営するのか」がポイントになりますので、主任と異なり、部下への指導と係のマネジメントが重要になります。

▶▶ 解決策

　次に解決策の内容ですが、まず係長の役割です。

　係長の役割としては、①係業務の進捗管理、②課長など上司の補佐、③部下への指導、④他部署との連携、⑤住民対応などが一般的です。出題が単に「係長の役割」であれば、こうしたものの中から選択して、解決策を記述していけば問題ありません。

　次に、「組織の運営に関するもの」です。採点者は、「この受験者が係長になったら、どのように係を運営するのか」を見ていますので、具体的な解決策を提示することが必要です。

　例えば、「効率的・効果的な係運営」であれば、「係内にペア制度を導入して、すべての業務に主担当と副担当を設ける」のように説明します。こうすれば、業務の進捗状況が全くわからないということを防げます。また、進捗管理であれば、「共有フォルダを活用し、すべての係員が進捗状況を確認で

きるように、『見える化』を実現する」などとします。

　このように、職場課題でも何かしらの仕組みやルールを係運営に導入することを考えるとわかりやすいかもしれません。

　なお、上記の他、職場課題での解決策としては、組織目標の徹底、情報の共有化、不断の事業の見直し、係員一人ひとりに応じた指導、他の係長との協力、他部署との連携、係内の研修や勉強会の実施、係内のコミュニケーションの活性化などがあります。

職場課題のパターン（係長）

1　個人の行動に関するもの

例 「係長の役割」

〈解決策〉

①係のマネジメント

②上司の補佐

③部下への指導

2　組織の運営に関するもの

例 「効率的・効果的な係運営」

〈解決策〉

①不断の事業の見直し

②ペア制度の導入

③係員一人ひとりに応じた指導

行政課題への対応（管理職）

▶▶ 問題例

　管理職試験における「行政課題」は、①社会経済状況に関するもの（「新型コロナウイルス感染症拡大下における行政運営」、「人口減少時代への対応」など）、②一般的な行財政運営に関するもの（「効率的・効果的な行財政運営」、「安定した財政基盤の構築」など）、③個別の行政課題（「個人情報保護への対応」、「自治体広報のあり方」など）の3つに分類できます。

　管理職としては、社会経済状況への十分な理解が求められますので、①の出題も少なくありません。しかし、①も③も、なかなか問題を予想しづらい面があります。このため、試験対策として行政課題で論文を準備するのであれば、過去の出題傾向を十分把握した上で、テーマを選択することがとても重要になります。

▶▶ 解決策

　次に解決策の内容ですが、まず、基本である「一般的な行財政運営に関するもの」です。

　内容としては、効率的・効果的な行財政運営に関するものであれば、具体的解決策としては、①共有フォルダの活用やマニュアルの作成など、情報の共有化や「見える化」の推進、②民間委託やAI・RPA導入など、事業の効率化、③プロジェクトチームの活用や課内の応援体制の構築など、柔軟でフレキシブルな組織の整備、④ペア制度の導入など、効率的な事務の執行体制の確立、⑤住民や地域団体との協働体制の構築、⑥広告収入や市有財産の活用など、歳入確保策の実施、⑦係長会の活用など、課内の連携体制の構築、⑧部下への指導などが挙げられます。

次に、「社会経済状況に関するもの」と「個別の行政課題」についてです。これらについては、そのテーマに応じた解決策が求められるため、先進自治体の取組みを地方自治関連の専門誌などで調べておく必要があります。そのテーマ別に3つの解決策を提示するのは難しいのですが、部下への指導については、どのテーマでも解決策の1つとすることができます。

なお、個別具体的なテーマであっても、①関連事業を行う部署による連絡会の実施など、組織体制の整備、②既存事業の見直しと再構築、③住民や地域団体との協働体制の構築、④部下への指導などを論点にすれば、テーマに熟知していなくても、論文にすることは可能です。

行政課題のパターン（管理職）

↓

1 社会経済状況に関するもの
　　例　「人口減少時代への対応」

2 一般的な行財政運営に関するもの
　　例　「安定した財政基盤の構築」

3 個別の行政課題
　　例　「個人情報保護への対応」

1と3については、テーマについて詳しく知らないと論文を書くことは難しい。ただし、組織体制の整備、既存事業の見直しと再構築、部下への指導などの視点から、論文にすることができる。

職場課題への対応（管理職）

▶▶ 問題例

　管理職試験の「職場課題」も、２つに分類できます。

　１つは「個人の行動に関するもの」です。問題例としては、「非常事態における管理職の役割」、「不祥事発生時における課長の役割」などがありますが、いずれもあまり出されることはありません。また、主任や係長と異なり「課長の役割について述べよ」のような単純な問題は、まず出題されません。

　もう１つは、「組織の運営に関するもの」で、問題例としては「高い成果を出す組織運営」、「部下の能力を最大限引き出すための指導法」、のようなものがあります。管理職として、課のマネジメント、部下への指導、他部署や議会との調整ができるのかが重要になります。

▶▶ 解決策

　次に解決策の内容ですが、まず「個人の行動に関するもの」です。

　先に述べたように、直接的に管理職の役割について出題されることはないのですが、「非常事態における」や「不祥事発生時における」のような、何らかの条件設定がされた場合は、①業務の進捗管理など課のマネジメント、②部長や首脳部への調整や補佐、③部下への指導、④他部署との連携、⑤住民対応、⑥議会との調整などの視点を踏まえながら、条件設定に応じて記述していくことになります。

　次に、「組織の運営に関するもの」です。管理職試験でも、採点者は、「この受験者が課長になったら、どのように課を運営するのか」を見ていますので、具体的な解決策を提示することが必要です。

　先の行政課題の具体的解決策と同様に、①共有フォルダの活用やマニュア

ルの作成など、情報の共有化や見える化の推進、②民間委託やAI・RPA導入など、事業の効率化、③プロジェクトチームの活用や課内の応援体制の構築など、柔軟でフレキシブルな組織の整備、④ペア制度の導入など、効率的な事務の執行体制の確立、⑤住民や地域団体との協働体制の構築、⑥広告収入や市有財産の活用など、歳入確保策の実施、⑦係長会の活用など、課内の連携体制の構築、⑧部下への指導、などが考えられます。

　特に管理職試験の場合には、「情報の共有化を図る」のような抽象的な解決策の表現は不可です。「課内の共有フォルダを活用して、課内の職員がいつでもファイルを見られるようする」のように、具体的手段や方法について説明することが重要です。

職場課題のパターン（管理職）

↓

1　個人の行動に関するもの
　例　「非常事態における管理職の役割」

2　組織の運営に関するもの
　例　「高い成果を出す組織運営」

管理職試験では、「共有フォルダを活用して、課内の職員がいつでもファイルを見られるようにし、情報の共有化を図る」のように、解決策が具体的であることが重要になる。抽象的な内容は不可。

第 4 章

仕事と両立！
効率的な勉強法

受験理由を考える

▶▶ なぜ受験をするのか

　この章では、昇任試験における論文の勉強方法について説明したいと思います。どのような手順で論文を学んでいけばよいのか、また、受験にあたって考えてほしいことなどを整理していきましょう。

　まず、「受験の理由を考える」です。この本を読んでいる皆さんですから、「何を今さら？」と思うかもしれませんが、この点については、改めて真剣に、じっくり考える必要があります。

　通常、昇任後には今のポストよりも困難が待っているのは確実です。このため、昇任後に「あ～、こんなことだったら主任（係長）のままでいた方がよかった」と考え、後悔する人もいます。そして、実際に降任した職員も、私の周囲だけでも、決して1人2人ではありません。

　そのように理性的に考えて判断できる職員ならば、まだいい方かもしれません。ひどい場合には、心の病を患い、突然、長期の休みに入ってしまう係長や管理職もいるのです。

　このようなことを書くと、皆さんを脅かしているように感じるかもしれませんが、決してそういうわけではありません。

　しかし、受験前に一度、「昇任して何をするのか」「何をしたいのか」などを自問自答することが大事です。単に、「偉くなりたいから」「同期が皆、係長になっているから」などの理由では、昇任後の困難な仕事に耐えていくことはできません。そうした困難に出合ったときにこそ、「なぜ自分は係長になったのか？」「管理職になって何をしたかったのか？」という覚悟や信念が問われてくるのです。

　もちろん、実際に昇任してみないと、わからないことも非常に多いのも事実です。ただ、事前にできるかぎり考えておくことはムダにはなりません。

▶▶ 面接試験にも必要

　実は、この受験理由を明確にすることは、試験勉強を乗り切るためにも必要です。その理由が明確であればあるほど、仕事と試験勉強を両立する生活を乗り切ることができるのです。また、面接試験でも有効です。係長試験であれ、管理職試験であれ、志望理由は面接の必須の質問です。

　周囲に手本、もしくは反面教師になる係長や管理職がいるのですから、自分が昇任したらどうするのか、具体的にイメージをしてください。

「なぜ昇任したいのか」を改めて考える

▼

降任や病気になってしまう職員は少なくない

▼

昇任後の困難に出合ったとき、
なぜ昇任したのか、が問われる

▼

長い受験生活を乗り切るためはもちろん、
面接試験でも、志望理由は明確である
ことが必要

要綱を確認する

▶▶ 要綱から試験のポイントを読み解く

　次に、昇任試験にあたって発表される実施要綱などの文書を確認することです。これは、試験実施機関である人事委員会などから発表されるものですが、試験の概要はもちろんのこと、さまざまな有益な情報が含まれています。

　まずは、評価基準です。通常、合否は筆記試験、面接、勤務評定など複数の要素で判定されます。受験者からすると、どうしても筆記試験の出来不出来で合否が決まると考えがちなのですが、そんなことはありません。

　今では、そんな職員はいないと思いますが、日頃、仕事もせずに受験勉強ばかりしていても合格することはできません。当然のことながら、毎日の勤務態度も非常に重要です。

　また、すでに述べたとおり、自治体によっては、各試験科目の評価基準を明確にしている場合もあります。例えば、論文であれば問題意識・論理性・表現力、記述式は資料解釈力、企画力、表現力である、のようにです。さらに面接では、管理職試験の場合には、きちんと議会答弁ができるかを判断するため、わざと意地悪な質問をして試すようなこともあります。そこまで、要綱で具体的に評価基準を記載していることはありませんが、面接の趣旨や意図を読み解くことができる場合があります。

　要綱は昇任選考にあたっての公式文書です。こうした昇任選考の基本的な内容については、念のため、要綱で確認しておくことが重要です。

▶▶ 合格予定者数などから倍率がわかる

　また、要綱には合格予定数なども掲載されますが、これに伴い、過去の受験者数、合格者数なども発表されることがあります。最近は、昇任試験の受

験者数が減ってきており、倍率が低下傾向にあります。試験勉強が大変と思っていても、案外、倍率が低いこともあります。このあたりについても、冷静に試験の状況を把握しておくべきです。

　最後に、当然のことですが、試験日、時間、会場などももう一度確認しておきましょう。通常は、例年あまり大きな変更はないものですが、いつも使用している会場が工事で変更されていたり、他のイベントの関係で試験時間が変更になっていたり、ということもあります。試験会場を間違えて1年を棒に振ったら、元も子もありませんので、ご注意を。

なぜ要綱をチェックする必要があるのか？

↓

要綱は昇任試験選考の「公式文書」である

↓

〈要綱からわかること〉

1　評価基準

2　合格予定者数・過去の倍率

3　試験日・時間・会場等

上司にアピールする

▶▶ 人事評価をするのは直属の上司

　昇任試験の受験にあたって、「上司にアピールしましょう」などと言うと、「上司にゴマをすれ、と言うのか！」「そんなアピールなんて、格好悪い……」と感じる人もいると思うのですが、そういったことではありません。

　アピールの目的は、勉強していることをきちんと上司に伝え、早く合格することにあります。よくありがちなケースとして、次のような例があります。

　受験者Aさんは早く合格したいので、一所懸命に勉強しています。しかしながら、勉強しているなんて表面に出すのが恥ずかしくて、上司にはもちろん、周囲にも言いません。

　その結果として、上司はその本人がきちんと勉強しているのかどうか疑心暗鬼となり、同じ課内で勉強していることがきちんとわかる、別の職員Bさんの方を評価してしまうのです。実は、試験の結果はAさんの方が上回っているにもかかわらずです。上司としては、何もご機嫌を取ってほしいわけでなく、きちんと勉強している方を評価するだけだったのですが……。

　結局、Aさんは不合格となり再び受験生活に入り、Bさんは昇任して異動していったのです。

　こうした事態というのは結構あるものです。最近は、「係長試験を受けます」「勉強しています」と周囲に告げるのを嫌がる職員が多いように感じられます。しかしながら、それで合否が分かれてしまうこともあるのです。

　また、単に試験の合否だけでなく、昇任後のことを考えても、上司に昇任したい旨をきちんと伝えておくべきでしょう。それは、昇任した後にもいろいろな面でサポートしてくれるからです。管理職であれば、議会答弁や首脳部への根回しなど、なかなか文字にはできない慣習を教えてもらうことは、昇任後のとても大きな助けになります。

▶▶ 論文は必ず見せる

　論文について言えば、最低1回は直属の上司に見てもらうべきです。もちろん、以前述べたように、論文には相性がありますから、添削に納得できない部分もあるかもしれません。

　しかし、先に述べたように、勉強をしていることを伝える意味からも、1回は添削をお願いしておきましょう。部下から論文の添削を依頼されて、嫌がる上司はいないはずです。

なぜ上司にアピールする必要があるのか？

⬇

人事評価をするのは上司

勉強していることがわからなければ、評価できない
勉強していることが明白な職員とそうでない職員では、
前者を評価する

⬇

論文は必ず直属の上司に見てもらう

添削をお願いすることで、さりげなくアピールをする
添削には相性があるが、合わない場合でも感謝の気持ちを
きちんと示す

一発合格を目指す

▶▶ モチベーションを維持するのは難しい

　昇任試験を受験すると決めたら、できるだけ一発合格を目指した方がよいでしょう。その理由はいくつかあります。

　第1に、やはりモチベーションが高いことです。1回目は、勉強にも身が入り、高い集中力を維持できます。これが、2回目、3回目となると、「またか……」という気分になり、1回目ほど高い集中力を維持できず、非効率になりがちです。

　また、「今回合格できなかったら、来年でもいいや」という考えでいると、勉強も中途半端になり、試験に集中できません。「今晩一杯どう？」という甘い誘惑にも流されがちになります。「何が何でも、今回一発勝負で決める！」と狙った方が、実は2年、3年と勉強を続けるよりも、精神衛生上からもよいでしょう。

　さらに、周囲の反応もあります。1回目であれば、家族であれ職場であれ、温かい目で見てくれます。しかし、2回目以降になると、家族の目も厳しくなりますし、職場もだんだん口にするのを控えてきます。

▶▶ 経済的にもお得

　第2に、経済的な問題です。これは、テキストや参考書などの金銭面もありますが、時間の面からもそう言えます。金銭面では、書籍代はもちろんのこと、合格が1年遅れれば、それだけ昇給も遅れることになりますから、経済的には損失となります。

　また、職場でも主要なポジションにいて多忙な受験者にとって、2年、3年と受験勉強を続けることは、決して簡単なことではありません。仕事と受

験勉強の二重生活、さらに趣味を楽しんだり、家族と過ごしたりする時間なども考えると、時間的にも非常に厳しく、相当な覚悟が必要です。やはり、できるだけ1回で合格した方が金銭面・時間面でも経済的と言えるのです。

　もちろん、仕事や家族の都合などで、どうしても2年計画、3年計画にならざるを得ない方もいるかと思いますが、そうした場合でもできるかぎり早期合格を目指した方がよいでしょう。

一発合格を目指すメリットとは？

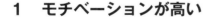

1　モチベーションが高い

勉強に身が入る、集中できる
2回目、3回目と受験を重ねるにつれ、気持ちも萎える

2　経済的にもお得

繰り返し受験していると…
金銭面……書籍代はもちろん、昇給も遅れる
時間面……家族との時間、仕事と勉強の両立が困難に

金を惜しまず、時間を惜しむ

▶▶ 必要な問題集などは必ず買う

受験勉強に入るにあたっての注意点として、肝に銘じてほしいのが、「金を惜しまず、時間を惜しむ」ということです。

まず、「金を惜しまず」ですが、これは必要と思った問題集や参考書などは必ず買ってしまうということです。よく先輩からもらった問題集などをそのまま使う人がいますが、これはお薦めできません。それは、その問題集が自分に合っているかどうかも不明ですし、何よりも古い問題集は最新の法改正などが反映されていない可能性があるからです。これでは、せっかくの勉強もムダになってしまいます。

また、わずかなお金を惜しんで、合格が1年遅れてしまっては、本末転倒です。結局は損をしたことになります。余計な出費は必要ありませんが、役立つと思った書籍は買っておくべきです。

ちなみに、問題集や参考書の選び方についても注意してください。いわゆる「定番」と呼ばれる問題集などがありますが、基本的には、自分に合ったものを選ぶことです。「評判がいいから」「合格者が推薦しているから」と言って、中身も見ないでネットで書籍を購入する人もいるようです。しかし、やはり自分に合ったものでないと長続きせず、結局は身につきません。

できるだけ大型書店などに行って、いくつかの書籍を比較して、購入するとよいでしょう。見栄で購入しても、結局は「積ん読」になってしまうだけですから、最後まできちんと終わらせることができる問題集等を選ぶことが大切です。

択一などの場合には、まずはなるべく薄い問題集から始めて、だんだん問題数の多い問題集にチャレンジしてください。だんだんステップアップしていくことが実感できれば、勉強も楽しくなってきます。

▶▶ 時間の捻出が最大の課題

次に、「時間を惜しむ」です。「仕事が暇だから、時間に余裕がある」という人はあまりいないと思います。忙しい中で、いかに勉強時間を捻出するかは昇任試験勉強における最大の課題かもしれません。

なかなか、まとまった時間を取ることは困難かと思いますが、通勤時間、昼休みなど、コマ切れの時間を有効に活用することが大事です。個人的には、早起きして朝に勉強するのがお薦めです。

「金を惜しまず、時間を惜しむ」とは？

⬇

1 「金を惜しまず」

人からもらった問題集は、最新の法改正が反映されていなかったり、自分に合っていなかったりする可能性も
⇒ 必要と思った問題集は迷わず買う

2 「時間を惜しむ」

時間確保が、昇任試験勉強の最大の課題
⇒ 通勤時間、昼休みなどのコマ切れ時間も有効に使う

勉強の4ステップ

▶▶ 合格論文を読み、ゴールを確認する

　次に、論文の勉強方法の手順についてまとめたいと思います。この本を読むこと自体、論文の勉強には違いないのですが、できれば以下のようなステップを踏むことが理想的です。

　第1に、合格論文を読むことです。受験者の目的は、論文試験で合格レベルの答案を書くことにあります。しかしながら、そもそも合格論文を理解していない受験者が多いのです。このため、知識を羅列した論文や、自分の意見が全くない、論文とは呼べない論文が多数生まれることになります。

　当然のことですが、自分が目指すべきレベルがわからないままでは、効率的ではありません。まずは、合格論文をできるだけたくさん読み、合格論文とはどのようなものか理解することが第一歩です。

　第2に、実際に書いてみることです。もちろん、合格論文を読んだからといって、すぐに書けるわけはありませんので、この本で説明する論文の書き方を身につけてからとなります。具体的には、課題に対して多角的な視点で捉え、論理展開をしていくことが必要となります。論文全体の構成を十分に考えたうえで、実際に書き出します。

▶▶ 大事な添削

　第3に、添削を受けることです。完成した答案が合格答案となっているかどうか、客観的な視点で判断してもらう必要があります。ですので、誰に判断してもらうかが重要です。やはり、最低でも課長以上の管理職であることが必須です。ただ、前述した「論文の相性」にもあるように、管理職ならば誰でもよいというわけではありません。添削の内容に納得のできる管理職を

選ぶべきです。なお、前述したように直属の上司には必ず添削を依頼してください。

　第4に、多くの課題で練習することです。論文を書く前には、合格論文を書き上げることが非常に難しいように感じるかもしれませんが、1回コツがつかめると、他の課題でも書けるようになります。

　そうなれば、過去問や予想問題を見て、どのように答案構成するかを検討します。実際に論文を書かなくても、問題を想定して応用力を身につけるのです。

勉強の4ステップ

1　合格論文を読む
目指すべきレベルをきちんと理解する

▼

2　実際に書いてみる
本書で解説する論文の書き方を身につけてから

▼

3　添削を受ける
客観的な視点で合格レベルかどうかを判断してもらう

▼

4　多くの課題で練習する
過去問や予想問題をこなして応用力を養う

合格論文を読む

▶▶ まずは読むことから始める

　ここからは、勉強方法の4つのステップについて詳しく説明していきます。まずは、合格論文を読むことです。先に述べたように、自分が目指すべきレベルがわからなければ、効果的な勉強とはなりません。

　そこで大事なのは、合格論文を見分けることです。残念ながら、市販されている参考書の中にも、実際には「これが合格論文？」と首をひねりたくなるようなものが結構あるのです。

　本書の中にも、合格論文を掲載していますが、なるべく多くの合格論文を読んだ方が、勉強にもなります。そのために、受験者の皆さんにはまず「合格論文を見抜く力」を持ってほしいと思います。

　合格論文か否かを判断するためには、次のような点に着目してください。

　第1に、自分の意見があるかどうかです。

　論文は、自分の考えを論理的に説明する文章です。どんなに立派な文章であっても、有名な学者の論述をそのまま転用したり、知識だけを並べ立てた文章は論文とは呼べません。

　よく「借り物の文章」という言い方をしますが、人の意見をそのまま書き写すようなものは不可です。採点者に必ず見抜かれてしまいます。

▶▶ 最新のトピックが含まれていること

　第2に、最新のトピックが含まれているかです。

　例えば、「少子化」という課題であっても、今年の論文と10年前の論文とでは、自然と視点も異なってきます。

　論文の構成を勉強する場合であれば、論文の新旧は問いませんが、課題に

対する視点を考える場合には、最新のトピックが不可欠です。

　このため、論文の勉強にあたっては、常に新しい参考書で勉強することをお薦めします。たまに先輩の参考書を譲り受けて勉強する人もいるかと思いますが、最新の内容であることが大事です。

　なお、誤解してほしくないのですが、課題に対する「知識」ということではありません。あくまで、課題に対する「視点」が新しいか古いか、ということに留意してください。

合格論文を読み、目指す論文のレベルを知る

↓

**実際に市販されている参考書にも、
「合格論文」とは言えないものもある**

↓

「合格論文を見極める力」を身につける

↓

**1　自分の意見があるか
2　最新のトピックが含まれているか**

実際に書いてみる

▶▶ 合格論文を分解する

　多くの論文を読み、合格論文のレベルが理解できたら、次には実際に論文を書いてみます。ただし、いきなり原稿用紙に向かって書き出すわけではありませんし、合格論文を読んだだけで、すぐに論文を書けるというものではありません。その手順について説明します。

　第1に、合格論文を分解して、論文の構成を理解します。論文は1,500字～2,000字の長文ですが、一文一文を主語と述語に着目して、その内容を要約してみます。次に、一文と一文がどんな関係（主張と理由、同じ内容を並列している、など）になっているのかを分析します。

　その次に、今度は段落単位で何を言おうとしているのか、序章・終章など章単位でどうなっているのかを要約するのです。そうすると、論文全体の構成が理解できるようになります。

　このように論文を分解していくと、長い論文であっても、その論理構成を理解できます。つまり、論文とは、決してダラダラと文章を書くのでなく、論文の骨格（論旨）に必要な肉付けをしていくことなのだ、と見えてくるはずです。こうした合格論文の分解は、自分が論文を作成するときに非常に参考になります。

▶▶ 論文の骨格をつくる

　第2に、自分で論文を書く際に、まず論旨をつくってみるのです。今度は、上記とは逆に論文全体から考え、次に章単位、その次に段落単位、そして一文一文をつくっていくのです。

　まずは、3段落か4段落構成かを考え、各章でどのようなことを記述する

のか、大枠を決めます。次に、各章の各段落をどのように記述するのかを考え、最後に一文一文をどのようにするのかを考えていきましょう。

この論旨を考える際には、「つっこみ用語を使って短文で考える」ということが大事です。「なんで？」「だから何？」「それでどうなる？」と自分で考えた短文に突っ込んで、論理展開をしていきます。そうすると、全体の論旨が出来上がります。

最後の第3として、実際に文章にします。論旨が明確になっていますから、最低限必要な修飾語を短文に加え、文章を完成させていきましょう。

実際に書く手順とは？

↓

1 合格論文を分解して、構成を理解する

一文一文の関係を理解する

▼

2 論文の骨格をつくる

つっこみ用語＆短文で考える

▼

3 実際に書いてみる

必要な修飾語等を加える

添削を受ける

▶▶ 管理職に添削を依頼する

　論文を完成させたら、次は添削をしてもらいましょう。

　なぜなら、自分で「これは、合格レベルに間違いない！」と信じていても、勘違いということもあります。やはり、客観的に第三者に判断してもらうことが重要です。

　先にも書きましたが、論文を添削してもらうのは、課長以上の管理職です。受験者同士で論文を見せ合って、批評をしているグループもあるようですが、これはお薦めできません。合格者でもないのに、お互いで傷をなめあっていても時間のムダというものです。

　まずは、見てもらった管理職から、「これは合格レベルにある」との判断がほしいところです。2人以上の管理職からお墨付きがもらえれば、その論文が合格レベルに達していることは間違いありません。また、繰り返しになりますが、直属の上司にも必ず見せてください。

　なお、いくつかの出版社では、有料で昇任試験用に論文の添削指導を行っています。決して有料だからよいというわけではありませんが、ある程度採点に慣れている方が添削していると思います。周囲にお願いできる管理職がいない場合には、こうした機会を利用するのも有効です。

▶▶ 納得できるものを取り入れる

　なお、同じ論文を何回か添削してもらい、合格論文に仕上げるというケースもあると思います。この際に注意してほしいことがあります。それは、先にも書きましたが、論文の添削には相性があるということです。当然のことながら、論文は長い文章ですから、合格論文は1つだけということではあり

ません。いろいろなタイプが存在します。

　添削者がこと細かに赤ペンで修正していても、それが絶対に正しいという
わけではありません。あくまで納得できる部分だけを受け入れればよく、ど
うしても納得がいかない部分については、直す必要はありません。

　無理をして添削者の指導に従ったとしても、自分が納得していなければ、
人の言葉をそのまま借りただけですから、自分の実力になりません。きちん
と納得したうえで、修正することが大事です。

<figure>
添削を受ける際のポイント

↓

管理職２人以上から、「これは合格論文」と
判断されることが望ましい

↓

依頼できる管理職がいなければ、出版社が
実施している添削を利用する方法もある

↓

添削者の指摘は、納得できるものを取り入れる
</figure>

多くの課題で練習する

▶▶ 頭の中で答案構成をイメージする

　さて、合格論文が１本完成したとします。これまでに身につけた論理展開の方法や、論文の構成、実際の文章化が理解できていれば、２本目の合格論文を作成することは、そんなに苦労は要りません。この時点で、もう合格論文を作成する力は十分あるからです。

　ここからは、応用力を養うことが求められます。

　応用力とは、どのような課題が出されても合格レベルの答案を作成できる力です。具体的には、過去の問題や予想問題を使い、実際にそのような課題が出された場合、どのように答案をつくるのか、頭の中で考える訓練です。あくまで、頭の中で想定すればよく、実際に一から答案を作成する必要はありません。

　すべての問題に対して、すべて論文を作成していたら、とても時間はありません。それよりも、「こんな課題は想定もしていなかった」という事態に陥らないように、多くの課題で練習しておく方が生産的です。

▶▶ パターン化する

　さて、いくつかの課題を練習すると、ある程度、論文構成をパターン化できることに気づくと思います。

　例えば、以下のような具合です。

　序章であれば、地方自治をめぐる状況や自治体の抱える課題について触れたうえで、与えられた課題について言及する。

　問題点を考える視点であれば、制度・組織・職員の３つの視点から捉える。

　終章であれば、序章と同じような文章とならないように、今後の課題とな

る行政のさまざまな状況について触れる。

　このように考えれば、与えられた課題は別々であっても、書く内容については、ある程度活かせるものが多いことに気づくと思います。こうなると、論文の勉強は既に完成したと言ってもよいでしょう。

　つまり、論文の勉強は、与えられた課題1つひとつについて対応するのではなく、ある程度パターン化したものを構築したうえで、当日出された課題に柔軟に対応できる力を養うことが求められるのです。

```
┌─────────────────────────────────────────┐
│        合格論文を1本仕上げたら、          │
│        多くの課題で練習する              │
└─────────────────────────────────────────┘
                    ↓
┌─────────────────────────────────────────┐
│   1つひとつ、例題に対して答案を作成する    │
│   のではなく、頭の中で答案構成を考える     │
└─────────────────────────────────────────┘
                    ↓
┌─────────────────────────────────────────┐
│   論文を「パターン化」する力を身につける    │
└─────────────────────────────────────────┘
                    ↓
┌─────────────────────────────────────────┐
│   試験当日、どんな課題が出題されても、      │
│   柔軟に対応することができる             │
└─────────────────────────────────────────┘
```

資料収集の方法

▶▶ 目的なく資料を探すのはダメ

　これまで論文の勉強方法について解説してきましたが、最後に資料の収集方法について述べたいと思います。

　これまでに論文の勉強をしたことのない方は、闇雲に資料を探してしまうことがあります。「何か、論文に使えそうな資料はないかなあ」と、図書館や書店に行って、手当たり次第、資料を探し始める。その結果、「これも使えそう」「あれもよい資料だ！」と資料だけがどんどんたまっていく——。しかし、これはまずい方法です。

　なぜなら、合格論文を見た後で目的もなく資料を集めると、どれもよい資料に見えてしまうのです。「○○市では、こんなことをやっているのか」「リーダーシップには、いくつかのタイプがあるのか」と自分が知らないことだけに、どれも新鮮に見えてしまいます。しかし、それでは、結果として資料に振り回されることになってしまうはずです。

▶▶ 問題文から必要な資料を考える

　正しい資料の収集方法は次のとおりです。

　例えば、論文の課題が「本市における今後の防災対策のあり方」だったとします。その場合、まず自分の頭で考え、どのような防災対策が必要なのかを考えます。この時点で資料を見てしまうと、資料に引きずられて、そのまま転記してしまうことになり、自分の頭で考えなくなってしまうのです。

　仮に、今後の防災対策は「住民1人ひとりで行うもの、地域で行うもの、公的機関で行うもの」の3つの視点で考えたとします。

　そして、では住民1人ひとりにこれまで以上に防災意識を持ってもらうた

めには何をすべきか、が次の課題です。

　広報紙、防災訓練などはすぐに思い浮かぶと思いますが、それは多くの自治体で実施しており、論文に書く内容としては目新しさがありません。では、住民の防災意識の向上のため、先進的な自治体ではどのようなことをやっているのか？　と考える。この時点で、初めて資料を探し始めればよいのです。

　地方自治の専門誌などから、適した事例を見つけ出します。そのうえで、論文の中に「〇〇市が実施しているように、スマートフォンに専用の防災アプリをダウンロードするシステムを構築する」などの一文を盛り込むのです。

資料をいかに集めるか？

↓

目的もなく資料を集めても、
資料に引きずられるだけ

⇒　単に資料を転記するだけになってしまう

↓

自分で考えたうえで、目的を持って資料を探す

↓

地方自治の専門誌などから、先進事例
などを探し、論文に反映させる

第5章

慌てず、諦めず!
試験当日の注意点

時間配分に気をつける

▶▶ 試験当日

　この章では、試験当日の注意点について説明したいと思います。

　当日は、課題が示されてから論文を書き上げるまで、どのように時間配分を行うかがとても重要です。これまでも説明してきたとおり、出題された問題文を見てすぐに答案用紙に書き始めることはできませんし、それではきちんとした論文になりません。

　まずは問題文を確認し、解答しやすいように問題文を変換、課題を分析して自分の意見をつくり、論旨を作成してから、論文を書き始めます。

　そして答案を作成したら、再度見直して、試験終了の合図があるというのが理想的です。

　このため、論文攻略の戦術として、事前に時間配分を決めておくことが大切です。問題文の変換○分、課題分析等○分、論旨作成○分、文章化○分、見直し○分といった具合です。

　練習段階で、それぞれにかかる時間を計ってみます。その上で、想定していたよりも時間がかかってしまう場合には、できるだけ時間内に終えることができるよう、繰り返し練習します。

　試験当日は、かなり緊張もあります。このため、当初に決めた時間を超えた場合には、その作業が完全に終わらなくても、次の作業に移るくらいの心構えでいかないと、時間切れになりやすいので注意が必要です。当日は、事前に思っているほど上手くは作業が進まないものです。

▶▶ 手書きにかかる時間は、事前に確認しておく

　また、試験前には、準備した合格論文を覚えるためにも、必ず手書きで練

習することをお薦めします。PCではなく、あくまで手書きです。これにより、文字を書く練習にもなりますし、実際に書くために必要な時間も把握することができます。

　論文を書いたことのある方は理解できると思うのですが、手書きにかかる時間を減らすことは、なかなか困難です。

　このため、まずはじめにこの手書き時間の目途をつけたうえで、文章化に致る前段階の作業（論文の骨格をつくる）の所要時間などを逆算して決めていくとよいでしょう。

論文攻略のため、時間配分を決めておく

あらかじめ練習で時間を割り出してみる

1　問題文の変換　→　○分

2　課題を分析して自分の意見を
　　つくる　→　○分

3　論旨を作成する　→　○分

4　文章にする　→　○分

5　答案を見直す　→　○分

課題に必ず答える

▶▶ 課題に答えていない論文は案外多い

　論文の答案を採点する中で、よくある間違いは「課題（出題されたテーマ）に答えていないこと」です。課題について書けないので、わざと課題以外について記述する受験者もいますが、よくある間違いは「答えているつもりで、答えていない」、あるいは「最初は課題について答えていたのに、論文が長くなるにつれて、課題からずれていく」という答案です。

　例えば、少子高齢化の課題に対し、本論の部分で高齢化についてのみ記述し、少子化については1行も触れられていない論文などです。受験者が高齢化に対する知識はあるものの、少子化については全く認識がなかったりする場合に、こうした答案になってしまうことがあります。

▶▶ 「課題に答えているアピール」を忘れない

　採点者がまず注目するポイントは、課題に対してどれくらい答えているか、です。いくら課題の周辺について記述していても、直接課題に答えていなければ高得点にはなりません。必ず各章で「課題に答えています」というアピールが必要です。これまでも、若干説明してきましたが、具体例は次のとおりです。

　序章では、最後に「防災対策は、本市にとってまさに喫緊の課題となっている」と締めくくり、本論につなげる。

　本論では、冒頭に「本市はこれまでも積極的に防災対策を実施してきたが、さらに次の取組みを行う必要がある」と書き出す。また、各視点でも課題に触れる。

　問題点であれば、「本市は防災対策にこれまでも積極的に対策をとってき

たが、依然として次のような課題がある」と始める。

　解決策では、「先に指摘した問題点に対して、私は課長として、防災対策について、次の取組みを行うことが重要と考える」と書き始める。

　終章でも、序章とは異なった視点で課題について言及し、最後に「私は今後とも防災対策に積極的に取り組んでいきたい」のように決意表明を行う。

　以上はあくまで一例ですが、必ず「課題について答えています」ということを採点者にアピールしてください。

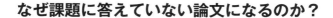

課題に答えていなければ、論文ではない

なぜ課題に答えていない論文になるのか？

**1　課題に対して書けないので、無理矢理
　　別のことを書いてしまう**

**2　課題について答えているつもりが、
　　次第にずれていってしまう**

各章で「課題に答えているアピール」を！

特定視点

▶▶ 予想もしなかった問題文

　試験会場で実際の問題文を見たときに、これまで予想もしなかったような
ものであることも想定できます。そんなときは本当に驚き、パニックになっ
てしまうと思います。しかし、たとえ完璧でなくても、どうにか一定の評価
が得られるように、対応していく必要があります。

　その際に、どのようなことに注意していけばよいか、をこれから３項目に
分けて説明したいと思います。ただし、どんなときであっても、重要なこと
は「課題に答えること」と「論理的であること」です。課題に対して十分説
得力のある分析ができなくても、この２点を注意するだけで、ある程度の評
価を得ることはできます。この２点については、これまでの章で取り上げた
項目で復習してください。

▶▶ 特定の視点から考える

　さて、全く予想もしなかった出題テーマであれば、それに対する知識もな
ければ、切り口（視点）も不明です。その際は、特定の視点からその課題に
ついて考えてみましょう。

　これは、「課題分析③　知識を使う方法など」で説明したように、「住民・
行政・国際」や「制度・組織・自治体職員」などの特定の３つの視点から、
その課題について分析を行うものです。そのうえで、それぞれの立場から課
題を考えると、どのように考えられるか、何が必要なのか、を導き出してい
くのです。

　例えば、「貧困とセーフティネット」を住民・行政・国際の３点で考える
としましょう。

住民から見れば経済不況や貧困はどのような影響や問題があるのか（住民は貧困やセーフティネットについて、どのように思っているかを想像する）、行政としては生活保護などのセーフティネットとしてどのような課題があるのか（行政はどのような対応をしているかを想像する）、また国際的にはこの不況はどういったことが言えるのか、などです。

　そのうえで「では、係長として何をするのか（何が重要と考えるのか）」を意見としてまとめていきます。また、それぞれについて内容の理論構築を行い、文章化していくのです。

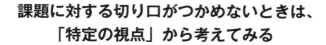

予想しなかった課題が出題されたときも、
「課題に答えること」「論理的であること」は必須

↓

課題に対する切り口がつかめないときは、
「特定の視点」から考えてみる

↓

1　住民・行政・国際

2　制度・組織・自治体職員　……など

↓

どんな課題でも３つの視点から見る訓練を！

微調整

▶▶ 当日の課題が予想と類似していた場合

　試験当日の課題が、予想しなかったものであっても、事前に準備（勉強）していた課題と類似している場合があります。例えば、事前準備が「住民に信頼される行政運営」で、当日の課題が「住民との協働による市政」のようなケースです。

　このようなときには、事前準備した内容が十分活用できます。これまで述べてきたように、「課題に答えること」が重要ですから、「住民との協働による市政について回答しています」というスタンスを保ちながら、用意してきた「住民に信頼される行政運営」の内容を論文に使っていくのです。

　つまり、「住民に信頼される行政運営のために、○○を行う」という部分を「住民との協働を進めるために、○○を行う」に更新していきます。どちらも住民に力点を置いた出題ですから、応用して書くことは可能です。

　具体的には、序章・本論（問題点・解決策）・終章のどの章であっても、あくまでも課題である「住民との協働による市政」というフレーズを用いて、「課題に答えている」ということを前面に出して文章をつくっていきます。

▶▶ 課題を別の言葉で置き換える

　また、先の例で「住民との協働」という課題では、今ひとつわかりにくさを感じたり、ピンとこなかったような場合には、課題を別の言葉で置き換えてみるということも方法の１つです。

「協働」→「住民と行政が協力してともに働くこと」→「住民と行政が信頼し合える関係を構築すること」……などのように、イメージを膨らませていくのです。そうすると、最初はとっつきづらい課題であっても、次第に自分

が理解できる内容に変わってきます。

　あまりに課題から離れた内容では困りますが、ある程度課題に類似する内容であれば、課題に答えていることにはなります。完璧な内容とは言えないまでも、一定の評価を得ることは可能です。

　なお、こうした場合であっても、課題に答えることが重要ですから、論文の中で用いる用語は課題である「住民との協働」を使うことが重要です。

**事前に準備していた論文と当日の課題が
類似している場合は、微調整で対応する**

▼

**課題に使われている言葉を論文中で
使いながら、準備した課題の内容を
うまく盛り込んでいく**

▼

**課題がしっくりこなければ、
別の言葉で置き換える**

〈例〉協働

▼

住民と行政が協力してともに働くこと

▼

住民と行政が信頼し合える関係を構築すること

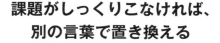

引き込み

▶▶ 事前に準備したものに引き込む

　予想しなかった課題への対処法の３番目は、やや強引な方法なのですが、自分の知っているテーマに引き込むパターンがあります。

　具体的な例で説明してみましょう。

　例えば、試験当日の課題が「地域活性化」であり、事前準備していた内容、または自分で書くことができるテーマが「観光」だったとします。

　こうした場合、序章の中で「地域活性化は本市にとって喫緊の課題であるが、特にその中で観光施策が重要である」と言い切ってしまうのです。そして、広範で多岐にわたる地域活性化という概念の中から、観光に焦点を当て、本論では観光に特化して記述していくのです。また、終章では、もう一度課題に戻り、「観光施策は地域活性化にとって極めて有効な施策である。私は、本市の地域活性化のために全力を尽くしたい」などと締めくくります。

　同じように、試験当日の課題が「住民生活の変化とこれからの市政」であり、事前準備が「住民との協働と行政」だったとします。このときも、序章で住民をめぐる状況に触れたうえで、「今後も住民生活が大きく変化することが予想されるが、今後の市政において重要なことは、住民との協働である」と記述するのです。そして、本論（問題点・解決策）では準備してきたことを述べ、終章でも再度「住民生活の変化」について言及しておきます。

▶▶ 無理はダメ

　こうした引き込みは、やや強引な側面もあります。

　事前準備の課題と当日課題の関係があまりに飛躍していたり、矛盾やこじつけがあれば採点者に疑問を抱かせることになり、高得点とはなりません。

具体的にどの程度であれば無理がないかを説明するのは困難で、ケースバイケースとしか言えません。ただ、試験当日の課題が大きいテーマであればあるほど、自分の得意とする分野に引き込みやすいと思います。

　例えば、試験課題が「環境」であれば「ごみ問題」「温暖化対策」など、「安全安心なまちづくり」であれば「防災」「治安」「危機管理」などのようにです。このケースも、当日の課題を見てしっくりこなかったら、その課題に含まれるキーワードを洗い出して、どのように引き込むことができるかを検討します。

自分の知っている課題に引き込んで答える

⬇

〈例〉
当日課題：住民生活の変化とこれからの市政
事前準備：住民との協働と行政

⬇

「今後も住民生活が大きく変化することが予想されるが、今後の市政において重要なことは、住民との協働である」

▼

この後は、協働をテーマに記述する

▼

最後にもう一度、「住民生活の変化」に触れる

字は下手でも丁寧に

▶▶ 読める字で書く

　試験当日は、受験者の皆さんはかなり焦り、目一杯の状態になってしまう可能性があります。もしかしたら、この試験でこの先1年を左右することにもなるのですから、それは仕方ありません。それでも、できるかぎり落ち着いて、どれだけ高得点を得られるかに注力することが重要です。

　しかし、実際の論文の答案用紙を見ると、採点者を意識していないものが多いのです。具体的には、次のような答案です。

　第1に、殴り書きの答案です。

　焦ってしまう気持ちは理解できるのですが、採点者が読めない答案では、採点することもできません。採点者が評価できるように、読める字で書いてください。

　第2に、非常に字が薄くなっている答案です。

　通常、論文はコピーして採点されることが一般的です。その際、あまり薄い答案では、文字が判読できないことがあります。文字はきちんと、読める濃さで書いてください。

　第3に、修正した部分が残ってしまっている答案です。

　消しゴムできちんと消しておらず、以前の文章が残ってしまい、読めなくなっている答案です。コピーされると、余計に見えにくくなりますので、きちんと消してから、修正してください。

▶▶ 丁寧に書く

　ここまで説明してお気づきだと思うのですが、注意点を一言で言えば、「採点者を意識して答案を作成する」ということです。字の上手・下手は関係あ

りません。達筆である必要もありません。

　採点者に「読んでいただく」つもりで、丁寧に書いてください。別に採点者を尊敬しろとか、媚を売れとかではありません。あくまで採点者が読みやすいように、評価しやすいように答案を作成するよう、心掛けてください。

　以上のことは、答案作成の基本です。内容以外のことで減点されるのはもったいないことですから、注意してください。

採点者を意識しない答案とは？

↓

1　殴り書きの答案 2　字が薄い答案 3　修正した部分が残っている答案

↓

読めない答案は、採点しようがない！

↓

字は下手でも丁寧に書く

文字数は
上限ぎりぎりに書く

▶▶ 一定の字数は必ず満たす

　論文を採点してもらうためには、最低限の字数は必要です。

　どんな試験でも一定の字数がないと、内容に関係なく0点になる可能性が高くなってしまいます。しかし、論文の骨格をまとめる作業などに必要以上に時間をかけていると、せっかくいい内容なのに、最後まで書き上げることができなくなってしまいます。

　事前に決めた時間配分はできるだけ崩さないようにして、実際の答案用紙に書く時間を確保することが大事です。

　ときには、論旨等が完全にまとまっていない段階で書き始めざるをえないこともあるかもしれませんが、未完成で提出することはできるかぎり避けた方がよいでしょう。途中で終わっている論文では、よい評価にはつながりません。指定された最低限の字数を確保したうえで、論文としては最後まで書き上げるように注意しましょう。

▶▶ 上限ぎりぎりを目指す

　理想は、上限ぎりぎりまで書くことです。前に述べたように、指定された文字数の最低ラインよりも上限ぎりぎりの方が、多くのことに触れた、濃い内容を書いてあるのが普通だからです。

　もちろん、単に文字数を稼ぐために、同じような内容を繰り返したり、意味のない文章を加えるのは意味がありません。無理に付け加えられた文章は、論文の流れを壊してしまうこともあります。

　かえって、採点者からみれば「ごまかそうとしているな」と見抜かれてしまいますので、注意が必要です。

なお、文字数の上限ぎりぎりに書くためには、論旨を作成する際に、なるべく多くの視点・内容を挙げておくことが得策です。

「これで、ある程度文字数は埋まるだろう」と思っても、結果として足りないということはよくあります。このため、例えば、序章は300字でまとめるとした場合、序章に書くべきことをいくつかピックアップしておき、実際に書きこむ中で、取捨選択していくことになろうかと思います。

　あらかじめ書くべき素材がないと、内容のないスカスカの論文となってしまうので、注意してください。

一定の文字数がないと 0 点になる可能性もある

↓

論文の未完成も高評価にはならないので、
できるだけ避ける

↓

上限ぎりぎりの文字数を目指す
（通常は文字数が多いほど内容が濃い）

↓

ただし、安易に文字数を稼ごうとするのはNG

時間が足りないときは

▶▶ まずは時間不足にならないように

　試験当日、どうしても時間が足りなくなってしまうことは、残念ながらよくあることです。できるかぎり事前に作成した時間配分に基づき、それぞれの作業を進めていくことが理想です。しかし、やはり試験本番では、事前に想定しなかった事態も発生します。初めて見た課題で、論文を書き上げる前段階の作業に、思わぬ時間を要することもあるでしょう。

　逆説的な言い方ですが、まずは時間が不足することのないよう、事前の練習段階できちんと時間配分を精査しておきましょう。これにより、大部分の危機は回避できるはずです。しかし、それでも時間がなくなってきた場合にどうしたらよいかを考えてみましょう。

▶▶ 字数・完結・理論構築

　第1に、まず目指すことは、指定された字数の最低ラインをクリアすることです。最低限の字数を満たしていなければ、採点の対象そのものから外れてしまう可能性が高いからです。すでに述べたとおり、理想は字数の上限ですが、時間がなければ最低限の字数をクリアすることを目標にします。

　第2に、論文として完結していることです。未完成の論文は、その程度にもよりますが、なるべく避けるべきです。序章・本論（問題点・解決策）・終章それぞれを簡潔にしてでも、「書き切る」ことを目指します。そのために時間を逆算して、どのくらいの時間で各章を書き上げることができるかを検討することも必要です。

　第3に、理論構築を意識した文章です。時間がないときは、論文の内容も含めた全体について高い評価を得ることは困難かもしれません。しかし、評

価基準である論理性や表現力については、一段落の文章だけで一定の評価を得られる場合もあります。

　つまり、「この受験者の文章はよく書けているけど、全部を完璧に書き上げる時間はなかったのだなあ」と判断されることもあるのです。たとえ時間がなくても、論理的な文章、わかりやすい表現などを心掛けるだけで、採点者の印象を変えることはできるということです。

　他の試験科目でも同様ですが、完璧は困難でも、最後まで粘り、最低限の評価は得られるようにしましょう。

時間配分どおりに進まないときは

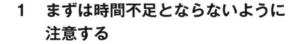

1　まずは時間不足とならないように注意する

あらかじめ時間配分を精査しておく

2　それでも時間が不足したときは……

○最低限の字数のクリアを目指す
○論文として完結させる
○理論構築を意識する

必ず読み直す

▶▶ 少なくとも1回は読み直す

　論文が完成したら、最低でも1回は読み直しましょう。

　誤字脱字はないか、読みにくい文字はないか、文章に飛躍はないか、などをチェックします。ちょっと見直すだけで、単純ミスの減点を避けることができるならその方が断然お得です。

　また、これまでも述べたとおり、自信のない文字は、ひらがなや別の表現にします。文章全体からすると、やや間の抜けた感じになるかもしれませんが、無理矢理書いて、誤字で減点されるよりは得策です。

　さらに、この見直しの際に、きちんと課題に答えているか、課題で示された用語を使用しているかも確認しましょう。同じ内容でも、「課題に答えている」というアピールの有無によって、採点者が抱く印象は異なってきます。

▶▶ 大きな修正をする場合

　上記のような軽微な間違いであれば問題ないのですが、大きく修正するときには注意が必要です。仮に1行20文字として、その行だけを修正するのであれば、20字以内で書くべきです。

　しかし、答案によっては、その1行に二重線を引いて、欄外に延々と20字以上の文字を書き込む受験者がいます。ひどい場合には、100字を超えるほどの分量を書き込んでいる場合もあります。それでは、もはや修正とは言い難く、書き直していることとなってしまいます。

　仮に、答案の分量が指定の上限まで書いてあった場合、欄外の部分を加えると文字数がオーバーしている可能性が高くなります。それでは減点の対象になってしまいますし、そもそも原稿用紙の使い方が間違っていることにな

りますから、減点される可能性が高くなります。

▶▶ 全面的な修正はしない

　自治体によっては、2つのテーマ（課題）が出題され、どちらか一方を選択する形式もあります。こうした際、途中まで書いてから、もう一方でやり直し、全面修正をする、というのは禁物です。時間的に無理がありますから、何とか当初のテーマで書き上げてください。

必ず読み直して、単純ミスの減点を回避する

最後にもう一度、誤字脱字をチェックする

自信のない字は、ひらがなや別の用語に置き換える

大きく修正する場合は、文字数に注意する

第6章

合格論文例と
解答のポイント

住民に信頼される行政運営

論文作成のための「つっこみ」

問題文をもっと具体的に言うと？（問題文の変換）

　　住民に信頼される行政運営を実現するために、主任としてどのようなことをすべきか、あなたの考えを述べなさい。

なぜ重要なの？（問題文を否定する）

　　住民に信頼されない行政運営とは？　「職員の態度が良くない」「住民の要望や意見を理解していない」「職員と住民とのコミュニケーションが希薄」などが考えられる。

具体的な視点・ポイントは？（論点を抽出）

　　1　接遇の向上

　　2　住民ニーズの的確な把握

　　3　住民参加の会議等への積極的な参加

ではどうする？（意見をつくる）

　　1　住民の意見を遮らず十分に意見を聞く

　　2　住民からの意見を、できるだけ多く集める

　　3　住民説明会、保護者会、工事説明会などで住民の意見を聞く

Key Point

「住民に信頼される行政運営」が問題なので、住民に信頼されない行政運営とはどのようなものかを考えれば、主任として行うべきことがイメージできます。

1　本格的な人口減少時代の到来

　本年4月、本市は新たな長期計画[1]を発表した。その中で、2040年には本市人口は20万人を割り込むとの衝撃的な数値が示された。少子高齢化に伴う人口減少は全国的な現象であるが、本市にも本格的な人口減少社会が到来することを示している。

　人口減少に伴い、生産年齢人口も減少することから、本市の財政規模も減少することが見込まれている。このため、今後、本市の行財政運営はますます厳しい状況になることが予想される。

　しかし、どのような状況においても、まちづくりの主体はあくまで市民である。住民の負託に応えて市政を運営していかなければ、市の存在意義が問われることになってしまう。市は、これまで以上に住民と一体となってまちづくりを進めていかなければならない。住民に信頼される行政運営は、まさに市政の喫緊の課題である。

2　住民に信頼される行政運営のために

　住民に信頼される行政運営のため、私は主任として、次の3点に取り組む。[2]

　第一に、接遇の向上である。住民からの信頼を得るためには、日常業務における接遇は非常に重要である。そのため、まず窓口や電話では、住民の意見を遮らずに十分に聞くとともに、お役所言葉を使わないなど、わかりやすい説明を心掛ける。また、担当業務以外の内容であれば、担当部署を紹介するなど、住民の立場に立った丁寧な対応を行う。さらに、全庁的な接遇マニュアルを適宜確認するとともに、係会で定期的に住民対応について話し合うように係長に提案する。これ

ここがポイント！

1　長期計画
多くの自治体では、基本構想、長期計画、実施計画の3本柱を総合計画としています。長期計画は5〜10年を実現目標として、基本構想を実現するための施策が提示されています。

2　私は主任として、次の3点に取り組む。
主任に昇任してからの具体的行動を記述します。「3点」と掲げておくことで採点者も読みやすくなります。

により、接遇を向上させることができる。

　第二に、住民ニーズの的確な把握である。住民のニーズを把握できなければ、効果的なサービスを提供することは困難である。このため、窓口や電話で伝えられた住民からの意見を、できるだけ多く集めるようにする。また、そうした意見を係内で共有する仕組みを構築するとともに、事務改善につなげることができないか検討する。さらに、「市民の意見箱」や「市長へのはがき」などに寄せられた意見や、**市政世論調査**[3]の結果なども定期的に内容を確認する。これにより、住民ニーズを的確に把握することができる。

　第三に、住民参加の会議等への積極的な参加である。住民と接する機会として、窓口や電話以外に住民説明会、保護者会、工事説明会などがある。担当業務であれば当然であるが、他部署の業務であっても手伝いなどでこうした機会があれば、積極的に参加するようにする。こうした場は、住民の意見を直接聞くことができる貴重な機会である。また、多種多様な意見が出される中で、職員としてどのように対応していけばよいのかを知ることもでき、今後のキャリアにとっても極めて有益でもある。

3　住民とともに行うまちづくり[4]

　今後、本市を取り巻く環境は一段と厳しくなることが予想される。景気低迷により、財政状況は楽観視できない。また、職員数についても、今後大きく増加することは困難である。

　一方で、市の課題は山積している。防災対策、地域振興、環境、福祉、教育など、様々な分野で多くの住民意見が寄せられており、いずれも待ったなしの状態である。加えて、住民ニーズは、多様化・複雑化している。

3　市政世論調査
市民生活に関わりの深い社会的関心事や主要な市政課題をテーマに多くの自治体で毎年1回実施されます。

4　住民とともに行うまちづくり
終章では、序章とは違った視点から記述します。

このように限られた財源・人員の中で、山積する課題に対応していく必要がある。そのためには、更なる住民目線で行政運営を行うことが極めて重要である。私は**主任として、住民に信頼される行政運営のため、全力を尽くす所存である。**[5]

5 主任として、住民に信頼される行政運営のため、全力を尽くす所存である。

最後にもう一度、「課題（住民に信頼される行政運営）に沿って書いている」ことをアピールすることが大切です。

簡素で効果的な職場運営

論文作成のための「つっこみ」

問題文をもっと具体的に言うと？（問題文の変換）

　　簡素で効果的な職場運営を実現するために、主任としてどのようなことをすべきか、あなたの考えを述べなさい。

なぜ重要なの？（問題文を否定する）

　　効果的でない職場運営とは？　「係員間のコミュニケーションがない」「業務に対して個人プレーの意識が強い」「仕事を単なる事務処理としてこなしている」などが考えられる。

具体的な視点・ポイントは？（論点を抽出）

　　1　コミュニケーションの活発化

　　2　良好なチームワークづくり

　　3　事務効率化に向けた改善

ではどうする？（意見をつくる）

　　1　係員と係長の間のパイプ役としてコミュニケーションを図る

　　2　係員同士が連携できるよう、話しやすい職場環境づくり

　　3　費用対効果や改善の検討

Key Point

「簡素で効果的な職場運営」がテーマですが、同様のテーマとして「職場の活性化」、「効率的・効果的な係運営」などがあります。自分の職場の状況を踏まえ、具体的な解決策を考えることが有効です。

1　市政をめぐる状況

　　昨年9月に実施した市政世論調査では、「本市に住み続けたい」と回答した市民は90%を超え、高い**定住意向**[1]が示された。また、同調査では、市民の高齢化や子育て支援への対策を強く望む声も浮き彫りになっている。

　　一方、**新型コロナウイルス感染症**[2]の影響により、長期的な景気低迷が懸念されている。今後、税収の大幅な減収が見込まれるとともに、これまでの基金活用により市財政はたいへん厳しい状況となっている。

　　しかし、これからも市民ニーズに的確に対応していくためには、限られた財源と人員を活用した、行政運営の効率化が求められている。その実現のためにも、簡素で効果的な職場運営は喫緊の課題である。

2　簡素で効果的な職場運営に向けて

　　簡素で効果的な職場運営のため、私は主任として次の3点に取り組む。

　　第一に、情報を的確に処理し、コミュニケーションの活発化を図ることである。係の現状、問題点、解決策等について、係員の意見をよく聞いた上で、常に係長に報告する。解決策を協議する場合は、係長の意思決定に役立つ情報を提供していく。また、上司から指示や命令等が出された場合には、主任として、迅速にこれを関係職員に伝達する。その上で、必要に応じて、係長に臨時職場会議、勉強会等の開催を提案し、情報の共有化を図った上で、係員全員で対策を協議する。さらに、円滑に係の業務を推進するため、他部署との連絡を密にする。

　　第二に、良好なチームワークづくりである。自治体

ここがポイント！

1　定住意向

年1回実施される市政世論調査などでは、「今後も本市に住み続けたいか」などの定住意向が調査されます。比較的高い値が示されることが多いため、昇任論文ではよく使われます。

2　新型コロナウイルス感染症

新型コロナウイル感染症は、2019年12月以降、中国湖北省武漢市を中心に発生し、全世界に広がりました。発熱、喉の痛み、咳、痰などの風邪のような症状で終わる場合が多いとされています。しかし高熱、胸部不快感、呼吸困難などが出現することもあり、死者も多く発生しています。

6

合格論文例

の業務は組織で行うものであり、業務の効率化には良好なチームワークが欠かせない。そのため、中堅職員として係員の相談に乗り、業務が適切に執行されるようにアドバイスを行う。また、係全体を常に見渡し、ムリ・ムダ・ムラの発見に努め、**業務分担に偏りがあるときは、改善に向けて係長に提案を行う。**[3]さらに、日頃から話しやすい職場環境となるように、積極的な声掛けを行っていく。**これにより、良好なチームワークを形成することができる。**[4]

　第三に、絶えず事務の効率化に向けて改善を行うことである。自治体の業務は、ともすると前例踏襲、事なかれ主義となりやすく、マンネリ化しやすい。これを避けるためには、常に社会情勢の動向、市民ニーズの変化に敏感である必要がある。このため、新聞報道などはもちろんのこと、地方自治関連雑誌や業界誌など、様々な情報を吸収するように努め、業務改善の参考にする。また、予算要求などの際には、常にゼロベースで考え、そもそもの必要性や費用対効果の観点から検証を行う。これにより、常に事務の効率化を行うことができる。

3　市民の期待に応えるために

　本市の基本構想の理念は「次世代が誇れるまちづくり」である。現在、子育て、福祉、環境、防災など、本市を取り巻く課題は山積している。しかし、次世代が安心して住み続け、本市を誇れるまちにすることが、我々職員一人ひとりの使命である。

　今後、超高齢化の進展、人口減少などにより、大きく社会構造は変化し、本市の行財政運営も非常に厳しい状況を迎える。しかし、まちづくりの主体はいつでも市民である。

　高い定住意向は、市民の市政に対する期待の表れで

3　業務分担に偏りがあるときは、改善に向けて係長に提案を行う。
主任の役割として、係長を補佐するためにどう行動するのか、具体的に記述する必要があります。

4　これにより、良好なチームワークを形成することができる。
解決策の書き方として、①リード文、②複数の具体的解決策、③期待される効果のようにパターン化すると書きやすくなります。

もある。市民の期待を裏切ることがないよう、私は主任として、簡素で効果的な職場運営に全力を尽くす所存である。

危機管理と主任の役割

論文作成のための「つっこみ」

問題文をもっと具体的に言うと？（問題文の変換）

　危機管理として、主任はどのようなことをすべきか、あなたの考えを述べなさい。

なぜ重要なの？（問題文を否定する）

　危機管理を意識していないと、「事前の準備をしていないため被害が大きくなる」「非常事態に何をしたらよいかわからない」「職員がパニックになって混乱してしまう」などが考えられる。

具体的な視点・ポイントは？（論点を抽出）

　1　事前対策の検討

　2　BCPの確認と見直し

　3　危機管理に関する情報収集

ではどうする？（意見をつくる）

　1　キャビネットなどの転倒防止対策、住民の誘導方法の確認

　2　定期的に係会で取り上げて確認する

　3　危機管理に関する研修への参加

Key Point　危機管理の対象は幅広いため、地震、台風、感染症、テロなどの具体的な場面を想定した方が、論文としては書きやすくなります。また、危機管理に関する全庁的な方針も確認しておきましょう。

1　これまで以上に求められる危機管理[1]

　現在、住民の安全・安心を脅かす事象が多発している。毎年、地震や台風などの自然災害により、多くの被害が発生している。

　また、2020年4月には新型コロナウイルス感染症の感染拡大による緊急事態宣言が発出され、人々の生活や行動が一変した。本市においても、公共施設の休止や住民サービスの一部停止などが実施され、住民生活に大きな影響を与えることになった。

　しかし、自治体の責務は住民の生命と財産を守ることにある。職員一人ひとりの危機管理能力を高め、被害の最小化に日頃から努めるとともに、非常事態が発生しても、的確に行政サービスを提供しなければならない。特に現場の中心となる主任は、これまで以上に危機管理能力を身につけ、日々の職務に従事することが求められている。

2　危機管理能力の向上のために

　危機管理能力を向上させるため、私は主任として以下の3点を実施する。

　第一に、事前対策の検討である。地震やテロなどの事態が発生すれば、日常の業務も中断せざるを得ない。そうした事態に遭遇した際、慌てることなく対応するためには、事前対策を十分に検討しておく必要がある。具体的には、職場におけるキャビネットなどの転倒防止対策、住民の誘導方法の確認、非常時の職員間の連絡体制の確認などを係長と共に行う。また、大地震などの場合は、帰宅も困難になることから、非常食や水なども自席に備蓄しておく。これにより、不測の事態が発生しても、落ち着いて対応することができる。

ここがポイント！

1 危機管理
危機管理とは、組織の事業継続や組織の存続を脅かすような非常事態に遭遇した際に、被害を最小限に抑えるための組織の対応手段や仕組みのことを言います。地震・台風などの自然災害だけでなく、テロ・感染症などもその対象となります。危機管理とは、①危機の予測及び予知、②危機の防止または回避、③危機対処と拡大防止、④危機の再発防止、の各段階に分けられるとされています。

6
合格論文例

第二に、**BCP**[2]の確認と見直しである。BCPは、住民の生活に不可欠な行政事務を維持するために、各職場で定められている。しかし、日頃からBCPを意識している職員は少ない。新型コロナウイルス感染症発生後に、慌てて見直した職場も多かった。しかし、これでは的確に住民サービスを提供することは困難である。このため、定期的に係会で取り上げて確認することを係長に提案する。同時に、業務内容の変更などにより、適宜BCPの見直しを行う。これにより、非常事態においても住民サービスを提供することが可能となる。

第三に、危機管理に関する情報収集である。危機管理の対象は、地震・台風などの自然災害だけでなく、テロや感染症など幅広く、対応方法も異なってくる。このため、日頃から危機管理に関して広く情報収集を行っていく必要がある。具体的には、東日本大震災や洪水の被害を受けた自治体の対応について学ぶとともに、**危機管理に関する研修**[3]に参加する。これにより、危機管理に関する知識を深めるとともに、職場で共有し、係全体の危機管理能力を高める。

3　安全安心のまちづくりのために[4]

先日発表された市民意識調査では、住民の市政に対する要望の第一位は防災対策であった。これは、住民が安全安心のまちづくりを最も望んでいることを示している。住民の生命と財産を守ることができなければ、他のどのような施策も無駄になってしまう。安全安心のまちづくりは、すべての施策の基礎になっている。

住民が安全で安心して暮らすためには、住民に最も身近な存在である自治体の役割は非常に大きい。職員一人ひとりの行動が直接住民に大きな影響を与える。職員が十分な危機管理能力を身につけていないと、被

2 BCP
BCPとは、事業継続計画（Business Continuity Plan）の頭文字を取った言葉です。自然災害、大火災、テロ攻撃などの緊急事態に遭遇した場合において、事業資産の損害を最小限にとどめつつ、中核となる事業の継続あるいは早期復旧を可能とするために、平常時に行うべき活動や緊急時における事業継続のための方法、手段などを取り決めておく計画のことです。

3 危機管理に関する研修
危機管理の対象が広いことから、研修の内容は様々です。防災、システムへのハッキング、職員の不祥事、個人情報の紛失など、実際の場面を想定してケーススタディを行うことがあります。

4 安全安心のまちづくりのために
昇任論文では、「安全安心のまちづくり」というフレーズはよく使われますので、覚えておくと便利です。

害は拡大し、住民をさらに混乱させてしまう可能性が
ある。このため、職員は常に高い意識を持ち続けてい
くことが重要である。

　私は主任として、安全安心のまちづくりのため、危
機管理能力の向上に全力で取り組んでいく所存であ
る。

多様化・複雑化する行政課題と係長の役割

論文作成のための「つっこみ」

問題文をもっと具体的に言うと？（問題文の変換）

　　多様化・複雑化する行政課題に対して、係長としてどのようなことをすべきか、あなたの考えを述べなさい。

なぜ重要なの？（問題文を否定する）

　　多様化・複雑化する行政課題に対して、適切な対応が取れていない係長とは？　「前例踏襲・事なかれ主義」「係員間の連携ができていない」「職員を育成しない」などが考えられる。

具体的な視点・ポイントは？（論点を抽出）

　　1　常に業務の効率化を考える職場とする

　　2　チームワークの確立

　　3　職員一人ひとりに応じた指導

ではどうする？（意見をつくる）

　　1　マニュアル化や共有フォルダを活用した情報共有

　　2　係員間で連携ができるように常に職場全体を見渡す

　　3　係員に対する個別の育成計画の作成

Key Point

年々、行政課題は多様化・複雑化していきますので、当然のことながら、係長もそれに十分に対応できることが求められます。そのために何をすれば良いのか、係長の役割を踏まえながら考えましょう。

1　多様化・複雑化する行政課題

　現在、本市を取り巻く環境は大きく変化している。新型コロナウイルスの影響により、住民の生活は一変し、住民からは感染症だけでなく、経済、福祉など様々な分野において対策が強く求められている。また、依然として子育て、防災、環境などの分野のニーズも高く、住民ニーズは多様化・複雑化している。

　しかし、一方で市の財政はたいへん厳しい。長期的な経済活動の低迷により、市税などの**歳入環境は楽観視できる状況ではない。**[1]このように限られた財源・人員の中で、多様化・複雑化する行政課題に対応するためには、これまで以上に住民ニーズに対応し、効率的な行政運営を行っていく必要がある。その実現のため、係長の役割は非常に重要なものとなってきている。

2　行政運営の効率化に向けて

　多様化・複雑化する行政課題に対して効率的な行政運営を実現するため、私は係長として、次の3点を行う。

　第一に、常に業務の効率化を考える職場とすることである。業務の質や正確さは当然保ちつつも、最少の経費で最大の成果を上げるように努めなければならない。毎日の業務の中から、ムリ・ムダ・ムラの発見と改善に努めることが、効率的な行政運営につながる。そこで、定例の係会の際には、漫然と係員に報告させるのではなく、限られた時間で的確な報告ができるように徹底させる。また、日常業務では**マニュアル化や共有フォルダを活用した情報共有**[2]などを行い、事務改善を図る。これにより、常に業務の効率化が可能となる。

ここがポイント！

1　歳入環境は楽観視できる状況ではない。
自治体の歳入は景気に大きく影響されます。景気が悪ければ、個人・法人ともに収入が減りますので、それに伴い税収が減ることになります。なお、この「歳入環境は楽観視できる状況ではない」というフレーズは、昇任論文でよく使われます。

2　マニュアル化や共有フォルダを活用した情報共有
情報共有は、昇任論文の解決策の定番です。ただし、「マニュアル化」や「共有フォルダの活用」のように、具体的な情報共有の方法を書かないと、採点者は納得できません。

6　合格論文例

第二に、組織の良好なチームワークの確立である。係員相互が協力しあい、連携を深めることで、共通の目標を達成することができる。このため、まず係長として、係員間で連携ができるように常に職場全体を見渡すように注意する。また、事務配分に偏りがあるときは、係会で議題として取り上げ、係員の意見を聞いた上で是正を行う。さらに、積極的に係員に声掛けを行うとともに、話しやすい職場環境を醸成する。これにより、係内で良好なチームワークを形成する。

第三に、職員一人ひとりに応じた指導を行うことである。多くの係員は、与えられた業務は確実に成し遂げることができる。一方、新たな課題に挑戦したり、自ら業務改善を行ったりする者は少ない。しかし、新たな課題の達成や業務改善の実現などができれば職員の成長につながる。そこで、職員一人ひとりの個性や長所、課題などに応じて、**個別の育成計画を作成する。** [3] この計画に基づき、困難な課題を与えたり、他部署との調整を任せたりすることで、職員一人ひとりの能力を高めていく。

3 住民の期待に応えるために

長期基本計画の人口推計によると、本市の人口は2030年から減少するとされている。人口が減少期に入ったとしても、住民ニーズが多様化・複雑化していくことに変わりはない。このため、本市はこれまで以上に、住民目線になり効率的な行政運営を行っていく必要がある。

行政運営の効率化は、いつの時代も求められる。しかしながら、本市の来年度予算編成の方針は**「入るを量りて出ずるを制す」** [4] として、例外ない事務事業の総点検が示されている。市民の負託に応える行政サービスを展開するためには、限られた財源の中で、効率

3 個別の育成計画を作成する。
一般的に、人事評価制度における自己申告制では、上司との面接により人材育成を行うこととなっています。ただし、具体的な方法は自治体によって異なりますので、論文で触れる場合は自分の自治体の状況について、確認しておくことが必要です。

4 「入るを量りて出ずるを制す」
収入を計算して、それに見合った支出を心掛けることを言い、財政の心構えを示す言葉として用いられます。

的な行政運営が必須である。私は係長として、多様化・
複雑化する行政課題に対して、効率的な行政運営を行
うべく全力を尽くす所存である。

成果を高める係運営

論文作成のための「つっこみ」

問題文をもっと具体的に言うと？（問題文の変換）

成果を高める係運営を実現するため、係長（園長）としてどのようなことをすべきか、あなたの考えを述べなさい。

なぜ重要なの？（問題文を否定する）

成果が出ない係運営とは？「係としての目標を明示していない」「係員にまとまりがなく、バラバラに業務を行っている」「前例踏襲で事務改善されない」などが考えられる。

具体的な視点・ポイントは？（論点を抽出）

1 目標設定とフォロー

2 風通しの良い職場づくり

3 業務の改善、見直しの意識の徹底

ではどうする？（意見をつくる）

1 各職員の個人目標の設定

2 定例的な職場会議の開催

3 トラブル集の作成と意見交換の実施

Key Point この合格論文は、係長級である保育園長を想定しています。保育士ならではの内容もありますので、施設長としての役割を確認しておきましょう。

1　高まる保育園への期待

　本年４月の本市の<u>待機児童数</u>[1]は、12人となった。これまで、本市は保育施設の整備、定員の拡大など、積極的に保育需要に応えてきた。３年前の待機児童数は100人以上いたことを踏まえると、大きな前進である。

　しかしながら、目標に掲げた待機児童ゼロは未だ実現できていない。

　また、保護者の子育て支援に対するニーズは切実なものがある。保育士として多くの保護者に接しているが、単に子育てに限らず、地域との関係、<u>ワーク・ライフ・バランス</u>[2]など、保護者は多くの問題を抱えている。

　公立保育園は、今こそ地域の子育て支援施設として、最大限の機能を発揮することが求められている。そのため、職員一人ひとりが能力を最大限発揮することは当然であるが、職場全体が高い成果を挙げ続けていくことが重要である。成果を高める職場運営は、まさに喫緊の課題である。

2　成果を高める職場運営のために

　保護者の多様な要望に的確に応え、これまで以上に成果を高める職場運営を実現するため、私は園長として以下の３点を実施する。

　第一に、明確な目標設定とフォローである。保育園では、毎年目標を設定しているが、個々の職員が日常業務の中で十分に意識しているとは言い難い。そのため、園の目標の達成に向けた、職員それぞれの個人目標を設定する。個人の目標は、職員同士で共有し、それぞれが目標達成に向けた問題点と解決策を相談でき

ここがポイント！

1　待機児童数
待機児童数は、保育園に入りたくても入れない子どもの数を示しますが、これまで国は何回かその定義を変更しています。待機児童数は、毎年厚生労働省や都道府県、市区町村が発表します。

2　ワーク・ライフ・バランス
ワーク・ライフ・バランスとは、「仕事と生活の調和」と訳されます。働くすべての人々が、「仕事」と育児や介護、趣味や学習、休養、地域活動といった「仕事以外の生活」との調和をとり、その両方を充実させる働き方・生き方とされます。平成19年12月、国は、「仕事と生活の調和（ワーク・ライフ・バランス）憲章」と「仕事と生活の調和推進のための行動指針」を策定しました。

る機会を設ける。また、園長として目標の進捗管理を行い、適宜アドバイスなどのフォローを行う。これにより、個人の目標達成が組織の目標達成につながるという意識を醸成し、園の目標を実現することができる。

第二に、何でも話し合える風通しの良い職場風土を醸成する。保育士間のチームワークが悪ければ、保育サービスを高めることはできない。このため、担当業務に限らず、気づいたことを問題提起できるように、定例的に職場会議を行う。その際、**すべての職員が発言するようにして、業務の進捗状況や現場の問題点などを報告してもらう。**[3] また、一人で仕事を抱え込むことがないよう、各クラスの担任同士がフォローしあえる環境を整える。さらに、園長自ら積極的に声掛けを行い、話しやすい職場づくりを心掛ける。

第三に、業務の改善、見直しの意識を徹底させる。チーム力を高めるためには、日々の仕事を何気なく行うのでなく、常に「なぜ」「何のために」と疑問を持つ姿勢が重要である。そこで、まず保護者のニーズに対して、公平・誠実に答えるという観点から、現在の取組みがベストと言えるのか、自問自答する姿勢を浸透させる。また、**保育計画、指導計画、保育日誌、連絡帳などの作成**[4] も、前例踏襲ではなく、常に改善するように見直しを徹底させる。さらに、子どもにトラブルが生じたときの事例を集め、職員同士で意見交換する機会を設ける。これにより、職員・子ども・保護者それぞれにとって快適な環境を実現できる。

3 保護者に信頼される保育園に向けて

少子化が進行する中、本市は市民の「このまちで子どもを育てたい」というニーズに応えていく必要がある。一方で、とりわけ乳幼児期は、生涯にわたる人間形成の基礎が培われる極めて重要な時期であることか

3 すべての職員が発言するようにして、業務の進捗状況や現場の問題点などを報告してもらう。
このように具体的に記述することで、採点者は「この受験者が園長になったら、このように実施するのか」と具体的にイメージを持つことができます。非常に説得力のある表現となります。

4 保育計画、指導計画、保育日誌、連絡帳などの作成
これらの書式等については、あまり変更することはないと思いますが、改めてその意義や役割について再確認することも、業務の改善に役立ちます。

ら、保護者の不安や要望が大きいことも事実である。

　保護者のニーズを的確に捉えていくためには、これまで以上に園長を中心としてチーム力を高めていく必要がある。私は園長として、成果を高める職場運営に全力を尽くし、保護者から信頼される保育園を実現するため不断の努力を続ける所存である。

SNSの活用

論文作成のための「つっこみ」

問題文をもっと具体的に言うと？（問題文の変換）

　SNS活用のため、係長としてどのようなことをすべきか、あなたの考えを述べなさい。

なぜ重要なの？（すると、どうなる？）

　SNSを活用すると、どのようなことが起こるのか？　「そもそもどの場面でSNSが活用できるのかを把握する必要がある」「どのような情報を掲載するかを決めなくてはならない」「SNSを使わない住民との情報格差を考える必要がある」などが挙げられる。

具体的な視点・ポイントは？（論点を抽出）

　1　あらゆる機会でSNS活用の方策を検討

　2　SNSに掲載する情報の基準や手順の明確化

　3　SNS利用者と未利用者との情報格差の注意

ではどうする？（意見をつくる）

　1　業務の特性や内容を踏まえたSNS活用の検討

　2　内容のダブルチェックなど掲載までの手順などを決定

　3　SNS利用にあたり、未利用者への影響を考慮

Key Point　既に自治体ではさまざまなSNSが活用されています。ただし、活用されていない職場であれば、「もし、自分の職場で活用することになったら、係長として何をしなければならないか」を考えると、具体策が見えてきます。

1　今求められるSNS[1]の活用

　現在、日本だけでなく世界全体でデジタル化・IT化が進行している。令和2年度版の**情報通信白書**[2]によると、2019年における世帯のスマートフォンの保有割合は初めて8割を超えた。個人のインターネット使用率は89.8％であり、若者に限らず、幅広い世代で情報通信機器が活用されている。

　これに伴い、多くの住民が、多様な方法で情報を入手している。また、新聞やテレビなど、これまで中心となっていたメディアを活用しない者も増えている。さらに<u>Clubhouse</u>[3]のような新たなツールも登場している。このようにSNSのツールも多様化しており、今後、ますますSNSの活用の幅が広がっていくことが見込まれる。

　こうしたことから、自治体では多様な方法によって情報発信することが求められており、多くの自治体でSNSを活用した様々な取組みが行われている。今、まさにSNSの活用は、市政の喫緊の課題である。

2　SNSを有効に活用するために

　SNSを有効に活用するため、私は係長として、以下の3点を実施する。

　第一に、あらゆる機会でSNS活用の方策を検討することである。SNSには、フェイスブック、ツイッター、インスタグラムなど多くのサービスがあり、それぞれに特長がある。例えば、**災害時にはリアルタイムで情報の発信・収集が行えるツイッターが有効とされている。**[4]このように、それぞれの業務の特性や内容を踏まえて、SNSの活用について検討する。具体的には、導入のメリット・デメリット、費用対効果、利用

ここがポイント！

1 SNS
SNSは、ソーシャルネットワーキングサービス（Social Networking Service）の略で、登録された利用者同士が交流できるWebサイトの会員制サービスのこと。

2 情報通信白書
総務省が情報通信の分野における産業の現況や政策の動向などを取りまとめて年次で刊行している文書。

3 Clubhouse
2020年開始の招待制音声チャットソーシャルネットワークアプリケーション。音声のみで交流するSNSサービスで、フォローし、フォローされることでユーザー同士がつながる。

4 災害時にはリアルタイムで情報の発信・収集が行えるツイッターが有効とされている。
災害情報に関するツイートは多くの人の目に触れるとともに、関係機関が状況を把握するためにも有益なツールとされています。

率、他自治体の動向などを検証し、SNSの導入を検討する。

第二に、SNSに掲載する情報の基準や手順の明確化である。SNS活用にあたっては、職員が簡単に入力・更新できることから、間違った情報や職員の勝手な思い込みなどが掲載されてしまう可能性がある。このため、SNS活用に際して、全庁的な方針を遵守するのはもちろんのこと、係内でも十分に検討を行う。具体的には、情報掲載の基準、内容のダブルチェックなど掲載までの手順などを明確にする。同時に、係内で十分に話し合い、職員のモラル意識を高める。これにより、誤情報などの掲載を防ぐことができる。

第三に、**SNS利用者と未利用者との情報格差**[5]に注意することである。SNSでは、情報を即時に発信できる一方、SNS未利用者との間で情報格差が生じてしまう可能性がある。このため、SNS利用にあたり、常に未利用者への影響について検討する。具体的には、SNSに掲載する情報について、どのような代替が可能なのか、不利益が生じないかなどを考える。同時に、未利用者に対してSNSに関する周知を行い、利用率向上に努める。これにより、SNS利用者と未利用者との情報格差の発生を避けることができる。

3　住民サービスの向上を目指して

現在、国では**デジタル庁**[6]の設置を予定している。これは、国・地方自治体のIT化やDX（デジタルトランスフォーメーション）の推進を目的にしている。このように、国全体でデジタル化が加速しており、今後はさらにSNSの活用が広まることは間違いない。

SNS活用のメリットは非常に多い。自治体は情報を随時更新することが可能となり、住民は即時に情報が収集できる。また、双方向のやり取りが可能となり、

5 SNS利用者と未利用者との情報格差
情報格差はデジタルデバイドとも言われます。一般的に、情報通信技術（ICT）を利用できる者と利用できない者との間にもたらされる格差のことを指します。
また、情報技術を使えていない、あるいは取り入れられる情報量が少ない人々などを指して情報弱者と呼ぶことがあります。

6 デジタル庁
行政のデジタル化の速やかな推進を目的として、障害となっている行政機関の縦割りをなくすため、強い権限・総合調整権が与えられる予定となっている。

これまで以上に住民と自治体との間で円滑なコミュニケーションが構築できる。さらに、**写真や動画などを使って効果的な情報発信ができれば、広くまちのPRをすることもできる。**[7]しかし、一方でSNS未利用者にも十分配慮しなければならない。

　私は係長として、住民サービス向上のため、SNSの活用に全力で取り組んでいく所存である。

7 写真や動画などを使って効果的な情報発信ができれば、広くまちのPRをすることもできる。
観光地、地元の特産品、お祭りなど、をインスタグラムで紹介している自治体も多くあります。

6
合格論文例

持続可能な行財政運営

論文作成のための「つっこみ」

問題文をもっと具体的に言うと？（問題文の変換）

持続可能な行財政運営のため、管理職として何を行うのか、あなたの考えを述べなさい。

なぜ重要なの？（問題文を否定する）

持続可能でない行財政運営とは？　「住民ニーズに対応できていない事業」「組織が硬直的」「職員の能力を発揮できていない」などが考えられる。

具体的な視点・ポイントは？（論点を抽出）

1　事務事業のあり方について、全庁的視点に立った見直し

2　柔軟な組織編制

3　職員の政策形成能力の向上

ではどうする？（意見をつくる）

1　AIやRPAの活用、事業の統廃合

2　プロジェクトチーム制の採用、繁忙期における応援体制の構築

3　職員提案制度や民間企業派遣等により、積極性や創造力を養成

Key Point

住民ニーズに対応できていない、財政が破綻しているなど、持続可能でない行財政運営はいくつか想像できます。これらを考えれば、いくつかの論点が見つかるはずです。

1　本市を取り巻く環境

　現在、本市の行財政運営は大変厳しい状況にある。新型コロナウイルス感染症の影響による景気低迷により税収は落ち込み、今後も急激な回復を望むことは難しい。また、少子高齢化に伴う人口減少により、**納税義務者数**[1]も減ることが見込まれ、今後の本市の財政に大きく影響する。

　一方で、市政の課題は山積している。未だ出口の見えない感染症対策はもちろんのこと、**南海トラフ地震**[2]などの防災対策、観光の活性化、環境問題など、解決すべき課題は数多くある。加えて、年々、住民ニーズは多様化・複雑化している。

　このように、山積する課題に対して、限られた財源・人員で対応するためには、持続可能な行財政運営を行うことが強く求められている。今、まさに持続可能な行財政運営は本市の喫緊の課題である。

2　持続可能な行財政運営を阻む問題点

　これまでも本市は持続可能な行財政運営のために努力を重ねてきたが、依然として次のような課題がある。

　第一に、事務事業の効率化、合理化の余地が残されていることである。刻一刻と変化する社会情勢の下、これまで行われてきた事務事業も、現在の住民ニーズに合致しているとは限らない。社会変化に応じた有効な展開を講じていくためには、事業の見直しをより強力に推進していく必要がある。

　第二に、行政組織において縦割りの壁が大きく、横の連携が足りていないことである。以前から問題点が指摘されているものの、現場での改善は未だ不十分である。例えば、住民の要望が複数の部署に跨る内容で

ここがポイント！

1　納税義務者数
予算、決算、監査などの資料で、納税義務者数の推移が確認できます。また、財政計画などに、今後の納税義務者数の見込みを掲載していることがあります。

2　南海トラフ地震
今後想定される地震として、南海トラフ地震以外にも、首都直下地震、日本海溝・千島海溝周辺海溝型地震などがあります。各自治体の地域防災計画を見れば、どのような地震を想定しているかがわかります。

6

合格論文例

あった場合、担当部署間の横の連絡が十分とは言えず、迅速な対応が困難となっている。また、部署によっては事務量が偏在しており、繁閑の差が大きくなっている。

第三に、職員の能力開発とその活用が足りていないことである。職員の中には、前例踏襲で従前どおりに仕事をこなせばよいと考え、新たな発想による提案や事務改善の努力が見られない者も少なくない。また、せっかく意欲や能力を持っているにもかかわらず、現在の職場で十分に発揮しきれていない職員もいる。さらに、仕事に対する評価基準が不透明で、有能な職員が力を発揮できていないこともある。

3　持続可能な行財政運営のために

このような問題点を解決し、多様な住民ニーズに応えるべく持続可能な行財政運営を行うため、私は管理職として、次の3点に取り組む。

第一に、事務事業のあり方について、全庁的視点に立った見直しを推進する。まず、行政評価・公会計の視点から、改めて費用対効果を再検証し、改善の余地がないかを検討する。また、あらゆる事業について、更なる民間委託の導入、AI [3] やRPA [4] の活用の検討を行い、事務改善を推進する。さらに、他部署の動向を把握し、類似事業を中心に優先度、緊急度の低い事業を選別し、統廃合する。これにより、徹底した事務の効率化を行うことができる。

第二に、縦割りの弊害を打破するべく、柔軟な組織編制を図ることである。住民ニーズが複雑化するほど、行政には迅速な対応が求められる。そこで、各部署が持つ情報をデータベース化し、常に共有できる仕組みを構築する。また、複数に跨る部署の連携が必要な施策については、機能重視のプロジェクトチーム制を積

3 AI
AIとはArtificial Intelligenceの略で、人工知能を指します。自治体での活用例として、市民からの問い合わせ等に対話形式で自動応答する仕組み（チャットボット）や、AIのマッチング技術による保育所利用調整業務の省力化などがあります。

4 RPA
RPAとはRobotic Process Automationの略で、これまで人間のみが対応可能と想定されていた作業、もしくはより高度な作業を、人間に代わって行うツールです。通勤届の作成支援、人件費支出科目のデータ登録、オープンデータ用ファイルの作成、職員名簿の作成等など、幅広い分野で活用されています。

極的に採用する。さらに、固定的な人員配置を見直し、**忙しい時期には一時的に応援要員を配置**[5]して対応するなど、臨機応変な組織体制とする。これにより、業務の繁閑に応じた組織の構築など、柔軟で機動的な組織対応が可能となる。

　第三に、職員の政策形成能力を高め、それを積極的に活用する。単なる事務処理という意識で仕事に取り組んでいては、効率的な行政運営を進めていくことはできない。事業の企画段階から職員を参加させ、何らかの役割を与えて政策形成に参画する機会を増やすことで、スキルアップを目指す。また、職員提案制度や民間企業派遣などを通じて、積極性や創造力を養成していく。さらに、実績を上げた者が報われるような明確な基準を設定するなど、評価方式を改善していく。これによって、職員のモチベーション向上に寄与するとともに、能力開発を行うことができる。

4　市政運営の中核を担う管理職として

　日本全体が人口減少社会を迎える中にあっても、今後とも本市は住民ニーズを的確に把握し、効果的な施策を展開していく必要がある。そのためには、安定した行財政運営を行っていく必要がある。持続可能な行財政運営は、市職員に課せられた至上命題である。住民の負託に応え、この命題を達成できるかどうかは、一人ひとりの職員の仕事ぶりにかかっている。その中核を担うのは管理職である。

　私は管理職として、このことを強く認識し、リーダーシップを発揮していく。そして、情熱と気概を持って仕事に取り組み、職員への的確な指示や判断ができるよう、不断の努力を続けていく所存である。

5 忙しい時期には一時的に応援要員を配置
年度末・年度初めに混雑する職場では、一時的に兼務発令を行い、応援体制を構築することもあります。

6

合格論文例

187

働き方改革と組織運営

論文作成のための「つっこみ」

問題文をもっと具体的に言うと？（問題文の変換）

　働き方改革の推進と、効率的・効果的な組織運営のため、管理職として何をすべきか、あなたの考えを述べなさい。

なぜ重要なの？（問題文を否定する）

　働き方改革が実現されないと、職員の勤務環境は良くならず、組織運営にも悪い影響が出てしまう。

具体的な視点・ポイントは？（論点を抽出）

1　不断の事業の見直し

2　職員の勤務環境の整備

3　働き方改革に対する職員意識の啓発

ではどうする？（意見をつくる）

1　費用対効果・住民ニーズの視点から事業を見直し

2　弾力的な勤務時間の運用の拡大、複線型人事制度の推進

3　課独自でノー残業デーや定時消灯の取組み

Key Point

68ページで述べたように並列型の問題文では、内容の小さい方をメインにします。しかし、この「働き方改革と組織運営」は内容の大小が判別しづらいです。そこで、「働き方改革を推進することにより、効率的・効果的な組織運営を実現する」のように、両者を手段と目的の関係で考えれば、テーマから外れずに論文を書くことができます。

1　今求められる働き方改革と組織運営

　人口総体や生産年齢人口が減少する中で、長時間労働・残業などの日本の慣習が生産性低下の原因になっているとして、**働き方改革**[1]が求められている。平成30年には、残業時間の上限規制、有給休暇の取得義務化、同一労働同一賃金などを定めた**働き方改革関連法**[2]が成立し、平成31年4月より順次施行されている。

　本市においても、山積する行政課題に対応するためには、職員一人ひとりが最大限の能力を発揮できるよう環境を整備するとともに、ムリ・ムダ・ムラのない組織運営を実現していく必要がある。まさに、働き方改革の推進と効率的・効果的な組織運営は、本市の喫緊の課題である。

2　本市の課題

　本市は、これまでも働き方改革と効率的・効果的な組織運営に努めてきたが、依然として次のような課題がある。

　第一に、事業実施にあたり、依然として非効率な面があることである。現在でも社会経済状況や住民ニーズに的確に対応した事業となっているのか、十分に検証されているとは言い難い。また、事業の中には、前例踏襲の方法で実施されており、事務改善がされていないこともある。これでは、効率的・効果的な組織運営とは言えず、職員の長時間労働につながってしまう可能性がある。

　第二に、職員の仕事と生活の両立支援が十分とは言えない点である。これまでも市は、男性の育児休業取得率向上や要介護家族のいる職員へのサポートなど、ワーク・ライフ・バランスの実現に向けて取り組んで

ここがポイント！

1　働き方改革
働き方改革とは、働く人々が、個々の事情に応じた多様で柔軟な働き方を、自分で選択できるようにするための改革とされています。

2　働き方改革関連法
正式名称は、「働き方改革を推進するための関係法律の整備に関する法律」と言い、労働基準法など労働に関する8つの法律の改正を行うための法律の通称です。

きた。しかし、固定的な勤務時間のため、業務の繁閑
に応じた勤務体系になっていなかったり、未だに有給
休暇が取得しづらかったりする職場がある。また、昇
任を望まない職員の増加など、職員意識も変化してい
る。このため、職員の仕事と生活の両立支援が十分と
は言えない。

　第三に、職員の働き方改革に対する意識が欠如して
いる点である。以前より減少しているとはいえ、依然
として安易に残業している職員が見受けられる。また、
自分の業務だけに集中してしまい、結果的に複数の職
員が同一の作業を行っているなど、未だ非効率な面も
見られる。さらに、前例踏襲、事なかれ主義で、漫然
と事務を行っている職員もいる。これでは、働き方改
革の推進や効率的・効果的な組織運営は実現できな
い。

3　働き方改革と効率的・効果的な組織運営のために

　このような課題を解決するため、私は管理職として
次の3点を実施する。

　第一に、不断の事業の見直しである。毎年度の予算
要求にあたっては、費用対効果・住民ニーズの視点か
ら必ず見直しを行い、事業の必要性について検証を行
う。また、事業の実施にあたっては、民間委託などの
アウトソーシング、RPAやAIなどの導入などにより
改善できる部分がないかを検討する。こうした取組み
により、効率的な業務の執行が可能となり、職員の残
業縮減につなげることができる。

　第二に、職員の勤務環境の整備である。まず、夜間
の会議出席や休日開庁などに柔軟に対応できるよう、
弾力的な勤務時間の運用を拡大[3]する。業務の繁閑に
応じた勤務時間とすることで、休暇も取得しやすくな

3 弾力的な勤務時間の運用を拡大
例えば、夜間にも窓口を
開設する場合、職員の一
部を午後からの出勤にす
るなどの対応を行えば、
超過勤務手当が発生しな
くなります。

る。また、**複線型人事制度**⁴を推進するため、職員が進んでスペシャリストのキャリアを選択できるようなポストを設置する。さらに、職員向けに子育てや介護の支援ガイドブックを作成し、職員が各種制度を利用しやすいようにする。これらの取組みにより、職員の勤務環境が整備でき、仕事と生活の両立支援を行う。

　第三に、働き方改革に対する職員意識の啓発である。職員の働き方改革を実現するためには、制度や仕組みの整備だけでなく、職員自身の意識改革も必要である。このため、係長会では、各係の残業や事務の執行状況について係長から報告してもらい、課全体の働き方として問題を共有してもらう。係長会終了後には、係長から会の内容を職員に報告してもらい、職員にも認識を高めてもらうように指導する。さらに、**課独自でノー残業デーや定時消灯の取組み**⁵を行う。これにより、職員の意識を高めることができる。

4　住民の信頼に応えるために

　働き方改革は、単に職員の勤務環境の問題だけではない。今後の人口減少、住民ニーズのさらなる多様化・複雑化を見据え、自治体として高い成果を出し続けるための組織の構造改革ともいえる。今後、人口構成など大きく社会構造が変化する中で、これまでと同様の方法で業務を行っていたのでは、成果が出せず、住民の信頼を失ってしまう。

　私は管理職として、働き方改革を一層推進するとともに、住民ニーズに的確に応えるため、効率的・効果的な組織運営に向けて全力を尽くす所存である。

4　複線型人事制度
ゼネラリスト養成だけの画一的な人事制度でなく、エキスパート、スペシャリストとしてのキャリアが選択できるなどとした並立で多元的な人事管理システムを言います。

5　課独自でノー残業デーや定時消灯の取組み
管理職試験の論文では、全庁的な方針とは別に、管理職（課長）として具体的に何を行うのかを明確にすることが必要です。

多文化共生社会

論文作成のための「つっこみ」

問題文をもっと具体的に言うと？（問題文の変換）

　多文化共生社会の構築に向けて、管理職としてどのようなことをすべきか、あなたの考えを述べなさい。

なぜ重要なの？（すると、どうなる？）

　多文化共生社会が構築されると、どうなる？　「外国人住民が安心して日本で生活できる」「外国人住民と日本人住民とのコミュニケーションが円滑になる」「両者の交流が盛んになる」などが考えられる。

具体的な視点・ポイントは？（論点を抽出）

　1　外国人住民への的確な周知・PR

　2　日本人住民の異文化理解の促進

　3　外国人住民が地域のイベントに参加しやすい環境の整備

ではどうする？（意見をつくる）

　1　転入した外国人住民向けの動画の作成

　2　異文化理解促進の講座の充実

　3　市による町会と外国人コミュニティとの仲介

Key Point　「多文化共生社会が構築されると、どうなる？」という視点で考える方法以外に、「多文化共生社会が構築されないと、どうなる？」と問題文を否定して考えることもできます。

1　多文化共生社会[1]の必要性

出入国管理法の改正[2]により、2019年には新しい在留資格が創設され、外国人労働者の受け入れが拡大した。本市の外国人住民は人口の約3％を占めており、住民数も増加傾向にある。今後も、さらなる増加が見込まれる。一方で、外国人住民と日本人住民との間でトラブルも報告されている。また、分別をしないでごみを捨てたり、文化の違いから学校でいじめが発生したりと、トラブルに関する報道も少なくない。

今後ますます外国人住民の増加や国際化が進展する中で、多文化共生社会の構築は本市にとって極めて重要である。まさに、多文化共生社会の構築は、本市の喫緊の課題である。

2　本市の課題

本市は、これまでも多文化共生社会の構築に向けて努めてきたが、依然として次のような課題がある。

第一に、外国人住民に情報が十分に伝わっていない点である。現在、外国人住民が転入した場合、ガイドブックなどを配付している。しかし、厚い冊子であるため、すぐに理解するのは困難である。また、市のホームページにも外国語版があるが、十分に周知されているとは言い難い。さらに、行政だけでなく、日本人住民が外国人住民向けに情報を発信しやすい環境とは言えない。このため、外国人住民への情報提供が十分ではない。

第二に、日本人住民の外国人住民に対する理解が進んでいない点である。日本人住民の中には、外国人住民との交流を自ら進んで行わない者も多い。このため、文化や習慣の違いから、地域でトラブルに発展するこ

ここがポイント！

1　多文化共生社会

多文化共生とは、「国籍や民族などの異なる人々が、互いの文化的ちがいを認め合い、対等な関係を築こうとしながら、地域社会の構成員として共に生きていくこと」（総務省：多文化共生の推進に関する研究会報告書（2006年3月））などと定義されています。

2　出入国管理法の改正

正式名称は出入国管理及び難民認定法。改正された背景には、①生産年齢人口の減少、②国内で深刻化している人材不足があり、そのため、外国人労働者の受け入れの拡大を図りました。

とも少なくない。また、外国人住民が自国の文化や風習を伝える機会も少ない。これでは、日本人住民の外国人住民に対する理解が進まない。

第三に、日本人住民と外国人住民との交流の機会が少ないことである。同じ地域に居住しながらも、両者が積極的に交流する機会はあまり多くない。これまでも、町会の活動や地域のイベントなどが実施されているが、外国人住民が参加しやすい環境にはなっていない。このため、日本人住民と外国人住民との間で壁ができてしまい、両者の交流が進まない状況になっている。

3　多文化共生社会の構築のために

上記の課題に対して、私は次の3点を実施する。

第一に、**外国人住民への的確な周知・PR** [3]である。日本に居住する外国人の中には、日本の生活ルールや文化を理解してない者も多い。このため、転入した外国人住民向けの動画を作成する。こうした動画や市の外国語版のホームページを、転入時に周知する。また、日本人住民には翻訳サービスの活用を周知する。日本人住民が、地域の活動やイベントについて情報を発信しやすい環境を整備する。これにより、日本の生活ルールや地域情報について外国人の理解を促進することができる。

第二に、日本人住民の異文化理解の促進である。円滑なコミュニケーションを確保するためには、日本人住民が外国の文化や習慣などを理解することも重要である。このため、市が実施する講座において、従来の外国語講座だけでなく、各国の料理や文化、歴史などの異文化理解促進の講座を充実させる。また、地域で活躍する外国人住民が自らの国のことを紹介するイベントや、学校での出張講座を実施する。こうした取組

3 外国人住民への的確な周知・PR

自治体によっては、外国人住民対応として、日本語を話せない外国人と外国語を話せない職員の間を通訳スタッフが橋渡しすることがあります。この際、通訳スタッフを会計年度任用職員にすることもありますが、窓口でタブレットを活用し、インターネットを介して通訳が行われるサービスを活用することもあります。

みにより、日本人住民の異文化理解を促進することが
できる。

　第三に、外国人住民が地域のイベントに参加しやす
い環境を整備することである。外国人住民もそれぞれ
の地域住民であり、地域ごとに交流を促進することが
需要である。具体的には、地域で開催される**防災訓
練**⁴やお祭りなどに気軽に参加できるよう、市が町会
と外国人コミュニティとの間の仲介を行う。また、両
者が気軽に交流できる掲示板を市のホームページ内に
設ける。こうした取組みにより、各地域で日本人住民
と外国人住民の交流を促進することができる。

4　地域社会の一員として

　今後、少子高齢化に伴う人口減少がさらに進行する。
また、先の外国人労働者の受け入れ拡大の状況などを
踏まえると、本市の人口構成や外国人住民の割合も変
化してくることが予想される。こうした社会状況の変
化に柔軟に対応できなければ、的確な行政運営を行っ
ているとは言えない。

　今後、本市においても国際化は確実に進行し、日本
人住民も外国人住民も同じ地域社会の一員として、役
割を果たすことが求められる。地域社会発展のために
は、お互いの価値観を認め合う多文化共生社会を実現
しなければならない。私は管理職として、多文化共生
社会の構築に向けて、全力で取り組む所存である。

4　防災訓練
外国人住民に対する防災
意識の啓発は重要です。
避難所などを把握してい
ないことも多いため、い
かにして外国人住民に防
災訓練に参加してもらう
かは、各自治体でも重要
な課題になっています。

非常事態における効率的・効果的な行財政運営

論文作成のための「つっこみ」

問題文をもっと具体的に言うと？（問題文の変換）

　非常事態において、効率的・効果的な行財政運営を行うためには、管理職としてどのようなことをすべきか、あなたの考えを述べなさい。

なぜ重要なの？（すると、どうなる？）

　非常事態における行財政運営とは？　「住民が来庁できない」「職員が出勤できない」「適切な住民対応ができず、窓口が混乱する」などが考えられる。

具体的な視点・ポイントは？（論点を抽出）

　1　事務事業の総点検

　2　業務の執行体制の見直し

　3　危機管理に対する職員への意識啓発

ではどうする？（意見をつくる）

　1　郵送申請や電子申請の検討

　2　テレワーク、WEB会議などの導入

　3　職場内の危機管理マニュアルの作成

Key Point

非常事態下では、住民が来庁できない、職員が出勤できないなど、様々な制限が出てきます。そうした状況にあっても、的確に住民サービスを提供するためにはどうしたらよいかを考えることが必要です。

1　新型コロナウイルス感染症の影響

　2020年、新型コロナウイルス感染症は自治体に大きな影響を与えた。住民サービスでは、施設の休止や停止、窓口における業務の一部停止や飛沫防止対策、またイベントも中止が相次ぎ、住民サービスのあり方が大きく問われた。また、職場運営では職員の在宅勤務などの勤務体制の検討、**WEB会議**[1]の実施、大勢が集まる会議や研修の中止などがあり、様々な制約がある中での組織運営について様々な検討がなされた。

　このような非常事態の中にあっても、いかに効率的・効果的な行財政運営を実現するかは、まさに本市にとって喫緊の課題となっている。

2　本市の課題

　これまでも本市は地震や台風の自然災害、新型コロナウイルス感染症など、様々な非常事態においても効率的・効果的な行財政運営に向けて努めてきたが、依然として次のような課題がある。

　第一に、未だ住民サービスにおいて改善の余地がある点である。今回の新型コロナウイルス感染症の影響により、これまで窓口申請でしか受け付けなかった手続きについて、郵送などにより住民が来庁せずに申請可能としたものがある。これは、住民の利便性を高める余地がまだまだあることを示している。来庁不要の事務が拡大すれば、住民・自治体の両者にとってメリットが大きい。

　第二に、職員の柔軟な働き方に対する検討が不十分な点である。新型コロナウイルス感染症の影響により、職員の感染防止の観点から、**勤務体制を2班体制**[2]にした職場があった。在宅勤務では、住民からの問い合

ここがポイント！

1　WEB会議
インターネットを通じて遠隔地をつなぎ、映像や音声のやり取り、資料の共有などを行うシステム。職員が同じ庁内にいる場合であっても、密集を避けるため、自席からWEB会議に参加することもあります。

2　勤務体制を2班体制
一方のグループに新型コロナウイルス感染症の陽性者が出てしまうと、そのグループ内の他の職員が濃厚接触者となり、勤務できなくなります。そのため、もう一方のグループの職員が業務を行えるようにするため、この体制を取る自治体がありました。しかし、「家にいるだけで、何もしていないのでは」と住民からの批判もありました。

わせへの対応やデータ入力などが行われた。これは、リモートワークや時差通勤など、様々な働き方の可能性があることを示している。このように、職員の柔軟な働き方について検討する余地がある。

　第三に、職員の非常事態に対する意識の欠如である。非常事態においては、職員は日々変化する状況に対して的確に対応することが求められる。しかしながら、一部の職場では**郵送申請などの検討が遅れたために、窓口で混雑が発生**[3]してしまった。問題が発生してから対応を考えたり、上司の指示を待ったりするのでなく、職員一人ひとりが状況を的確に把握し、柔軟に解決策を導けるように能力を身につけることが必要である。

3　非常事態における効率的・効果的な行財政運営のために

　上記のような課題に対して、私は管理職として以下の3点を実施する。

　第一に、事務事業の総点検である。あらゆる事務について、これまでの前例踏襲の発想を捨て、事務改善・サービス向上の観点から検証する。具体的には、郵送申請や電子申請の可能性、提出書類や押印の削減について検討する。また、来庁での手続きが必要な場合であっても、事前相談や来庁予約の仕組みの可能性を探る。これにより、非常事態においても住民の利便性を高めるとともに、事務の効率化を図ることができる。

　第二に、業務の執行体制の見直しである。非常事態においても的確なサービスを提供できるよう、**リモートワークやテレワーク**[4]、時差通勤など、多様な働き方を検討する。個人情報などにも十分配慮した上で、庁外でも対応可能な業務を洗い出し、非常事態の際にはすぐに対応が取れるようにする。また、自宅や自席

3 郵送申請などの検討が遅れたために、窓口で混雑が発生
新型コロナウイルス感染症発生時には、貸付や融資など様々な窓口が混雑しました。このため、従来の窓口申請での事務手続きを郵送申請に切り替えた自治体もありました。

4 リモートワークやテレワーク
一般に、リモートワークは、会社から離れた場所で働くこととされ、テレワークは、ICT技術を活用し、時間や場所を有効に活用できる柔軟な働き方とされています。

からでも参加が可能なWEB会議を広く活用する。これにより、職員の勤務環境を整備するとともに、生産性を高めることができる。

第三に、危機管理に対する職員への意識啓発である。職員は、日頃から「非常事態が発生した場合、何をすべきか」を十分に把握しておく必要がある。このため、全庁的な**危機管理指針**[5]とは別に、職場内の危機管理マニュアルを作成し、連絡体制、BCP、業務執行体制などの必要事項をわかりやすく整理する。また、職場内で非常事態を想定したケーススタディを行い、状況判断能力を養う。これにより、職員の非常事態に対する意識を高めることができる。

4　住民の信頼に応えるために

新型コロナウイルス感染症は、自治体に多くの問題を投げかけた。いろいろな制約がある中で、どのように住民サービスを提供するのか。また、サービス提供のためにどのような組織運営にするのかなどである。今後も、様々な非常事態が起こる可能性があるが、そうした中にあっても、本市は確実に住民の信頼に応えていく必要がある。住民の負託に応えられなければ、自治体は存在意義を失ってしまう。

今回の非常事態により、自治体が大きな変革を行うための重要なヒントを得たと言える。私は管理職として、非常事態においても効率的・効果的な行財政運営の実現のため、全力を尽くす所存である。

5 危機管理指針
危機管理指針とは、危機管理事象に的確に対応するために、特定の事象に限定せず、危機管理事象全般に関して、統一的な組織のあり方や、全庁的な対応方針等を示すものです。

昇任試験

採点者はココを見る！
合格論文の鉄則
〈第1次改訂版〉

2013年 6 月 25 日　初版発行
2021年 4 月 21 日　第 1 次改訂版発行
2024年 10 月 15 日　第 1 次改訂版 3 刷発行

著　者　地方公務員昇任試験問題研究会
発行者　佐久間重嘉
発行所　学 陽 書 房
〒102-0072　東京都千代田区飯田橋1-9-3
営業部　TEL 03-3261-1111　FAX 03-5211-3300
編集部　TEL 03-3261-1112
https://www.gakuyo.co.jp/

装幀／佐藤　博
DTP 制作／メルシング　岸　博久
印刷／加藤文明社　　製本／東京美術紙工
© 地方公務員昇任試験問題研究会 2021, Printed in Japan

ISBN 978 - 4 - 313 - 21081 - 3 C2032
乱丁・落丁本は、送料小社負担にてお取り替え致します。